新版

祈りから生まれるもの

佐藤彰

いのちのことば社

はじめに

ここに収められたものは、今年、軽井沢恵みシャレーで開かれたＥＨＣ主催「祈りのカンファレンス」で語らせていただいたものです。それを、いのちのことば社出版部がテープ起こしをしてくださいました。ただし、巻末の質疑応答は新たに書き加えたものです。語ったときは、表情や抑揚をつけていましたので、このように活字だけとなって、はたして十分に真意が伝わるかどうか不安な気持ちがします。けれども、私たちが共々に、恵み豊かな祈りの世界に一歩引き出されていくために、この本が少しでも用いられるなら幸いと考え、主の御手にゆだねることにしました。

大変なご労をとってくださった出版部の方々には、心から御礼申し上げます。

一九九三年十二月十一日

佐藤　彰

新版発行に際して

二〇一一年三月十一日（金）、巨大地震があったその日は、私の誕生日でした。今、私たち夫婦と福島の教会員約六十名は、東京に身を寄せて、「主よ、ネゲブの流れのように、故郷に帰してください」との祈りを積んでいます。まさか、こんな年を迎えるとは思わずに、教会での最後となった三月六日（日）の礼拝で、私はイザヤ書37章から、「ヒゼキヤ王の、緊急の祈りの要請」と題して、国家存亡の危機に際し、緊急の祈りが必要であることを語りました。

その五日後に地震と津波、それに原発事故が起こり、教会が閉鎖となり、町がゴーストタウンになり、教会員もてんでばらばらに全国各地に散らされるようになるとは、想像もしませんでした。今こそ祈りが必要です。大震災に直面したこの国に、祈りの結集が必要とされているのです。

この時期に、『祈りから生まれるもの』が再版されることを、うれしく思います。同時にこれは、「祈らなければ」との、私に対する促しであるとも受け止めています。

祈りましょう。この国を主がいつくしみ、復活させてくださるように。そして、神の国が拡がるように。

二〇一一年六月五日　東京・奥多摩にて

佐藤　彰

目次

祈りは人生を変える（創世32・22～32）

私たちの人生には、さまざまな苦しみがあります。苦しみがあるからこそ、私たちは神様を求めます。信仰は温室の中では育ちません。何の苦しみもなく、放っておいたのにどんどん成長して、気がついたら立派なクリスチャンになっていた……こんなことはありません。私たちは、都会のコンクリートジャングルの中にいるからこそ木々の緑を求めるように、さまざまな悲しみや苦しみの中を通るからこそ、天の御国にあこがれ、天におられる父なる神様に心を注ぎ出して祈るのです。この地上で圧迫されればされるほど、私たちは天の御国に向かって叫ぶのです。

イエス様の祈りの姿

今、仮に、私たちが二千年前のイスラエルに行き、そこでイエス様と出会ったとします。まず私たちは、イエス様の権威あふれる素晴らしい説教に感激するだろうと思います。また、悪霊を追い出したり病気をいやしたりする素晴らしいみわざに目を見張ることでしょう。最初は、そうした見えるもの、聞けるものに心を奪われると思います。

しかしそうして一緒に旅を続けていたある日、ふと気づくことでしょう。きのうあれほど夜遅くまでいやしのみわざをし、説教をして一緒に寝たはずのイエス様が、早朝、もう寝床におられないのです。寝床はだいぶ冷たくなっています。かなり早く起きてどこかに出かけられたようです。いったいどこへ？　しばらくしてわかりました。イエス様は人のいない祈りの場所に行き、静まってずっと祈っていたのです。

最初私たちは、イエス様の見えるところだけを見ます。素晴らしい説教、素晴らしいみわざ……。ところが、ずっと一緒に歩いているうちにイエス様のもう一つの姿が見えてきます。それは、どこかの木陰や岩陰で膝を折ってひとりで祈る姿、どこかの山に行って、深く、涙ながらに主のみこころを求めて祈る姿です。そして、実は、イエス様の大きなみわざはこの祈りによって支えられていることを知るのです。

人々が目を見張るようなイエス様のみわざの裏側にあったものは、父なる神様との強い結びつきです。このことに気がついたとき、私たちは弟子たちと一緒におそらくこう求めることでしょう。「主よ。私たちにも祈ることを教えてください」（ルカ11・1参照）

世の中にはいろいろなことを教えてくれる学校がたくさんあります。しかし祈りだけは学校に入っても身につきません。祈りのテキストを数多く買って読んでも、祈りの人になれるとはかぎりません。祈りについて山ほど知識を蓄え、論文を書いたとしても祈りの人になるとはかぎりません（もちろん、祈りに関する本を読み、学ぶことは大切です）。事実、弟子たちは三年半もイエス様とともに過ごし、その祈りの姿を見ていたのに、祈りが身につきませんでした。あのゲツセマネでイエス様が血の汗を流して涙の祈りをしているのを見ながら、眠ってしまいました。もしペテロが深く祈って、やがて起こる神様のみわざに祈りのうちに備えることができていたら、「皆が見捨てても、私だけは見捨てません」と言いながら結果としてイエス様を裏切ってしまうような失態は演じなかったでしょう。

弟子たちが変わったのは、イエス様が十字架につけられ、復活した後でした。その後初めて、彼らはあのように用いられる器になったのです。

もちろん、祈りの人になったからといって失敗しないわけではありません。ペテロなど、何回失敗したかわかりません。ユダヤ人の顔を恐れて律法主義に戻り、パウロに叱られたりもしました（ガラテヤ2・11〜14）。しかし、失敗すること自体は悪いことではありません。それよりも決定的に悪いのは、祈らないことです。

私たちはキリストの弟子として歩みはじめました。もう永遠のいのちをいただいています。そして祈る特権を与えられました。祈りは私たちクリスチャンのみに与えられている特権なのです。

私たちはキリストを信じてすべての罪――過去・現在・未来の罪――を赦されました。これは素晴らしい宝です。この世には名をあげる道もあるでしょう。山ほどお金をためる道もあるでしょう。しかし、私たちはイエス・キリストに結びついて、天の御国に至る道を持っているのです。ただ、すでにその門口に立ち、歩みはじめてはいますが、祈りの深みを知らない人が多いのです。しかしそんな鈍い私たちであっても――たとえどんなに霊的に盲目であっても――長年の訓練によって祈りの人に変えられたガリラヤの漁師たちのように、祈りの人に変えていただくことができるのです。

祈りの人になると人生が変わります。肉の力で生きる人生はたかが知れています。何の面白味もありません。予想される結果が出るだけです。ところが、祈る人の人生は違います。祈ると天が開けて、主ご自身が親しく御顔を現してくださいます。たとえ異教社会のただ中にいても心配ありません。神様を知らない人の目にも「この人の背後には神がおられる。神の霊がこの人に宿っておられる」とわかるくらいに主の臨在が与えられるからです。それは、ご利益を中心としたこの世の宗教には決して見られないものです。

祈りが物事を変える

私の教会では、この十年間に三回献堂式をする恵みにあずかりました。それらはいずれも祈りで始まって祈りで完成したのです。第二会堂は、四十年前、集団赤痢で亡くなった小学校三年生の女の子が一粒の麦になってできあがりました。彼女の生涯はとても短いものでした。しかし、イエス様を信じて伝道に熱心だったその姿がやがてお姉さんを動かしました。妹が召された後にクリスチャンになったお姉さんはこう考えました。「私の信仰は、熱心に伝道しながら天に召されていった妹の信仰が一粒の麦となって与えられたのだ。主よ。妹が福音に触れて救われたこの土地に、栄光の教会をお建てください」と。やがてそのお姉さんも天に召されました。けれども、その願いと祈りに感動した教会員が立ち上がり、献金をして現在の第二会堂が建ったのです。時に祈りは、当人が召された後にかなえられることがあります。たとえ祈った人が亡くなっても、みわざは起こるのです。

よく、田舎は都会に比べて伝道が難しいと言われます。古い因習や宗教でがんじがらめになっているから、と。確かにそのような面もあります。けれども田舎であろうと都会であろうと、本当に私たちが神様に祈り、主の霊が働かれるとき、「主は私の人生の中で生きておられる」という力強い告白と体験が与えられるのです。

私の教会にいるある会社員の方の話ですが、彼は本当によく祈ります。まず、朝六時からの早天祈禱会に来ます。もちろん、自分の家で家庭礼拝もします。しかも、会社に行く前に第二会堂へ行って鍵を開け、そこでもひとしきり祈るのです。それから今度は登校途中の教会学校の子どもたちと一緒に学校に向かって歩きながら一人一人に声をかけます（教会では、小学生の教会学校を一週間に七箇所でやっており、彼はその一つの集まりの責任を持っています）。これが彼の日課です。夜は夜で、仕事が遅くまでありますが、たとえ夜中の一時、二時になろうと、やはり第二会堂に行き、そしてまた祈るそうです。家に帰るのはそれからです。

もう一人、ある医師の話です。彼もまたよく祈ります。去年、他の教会の牧師が来たとき、彼はこう証ししました。「私はよく病気の相談を受けます。また、教会員からも相談を受けます。相談だけではなく、夜中に手術したりしますので、外科の医師というのはけっこう忙しいのです。あるとき、ふっと気づきましてね。クリスチャン医師としての塩けがどこにあるだろうかと。単に医学的なアドバイスをするだけなら他の医師でもします。

では、他の医師とは異なるクリスチャンらしさ、塩けはどこに見いだせるだろうか、と。そう考えてからは、毎日教会員（といっても百名以上いる）のために名前をあげて祈ることにしたのです」

それを聞いて私と副牧師は顔を見合わせました。これではどちらが牧師かわからない（恥ずかしいなあ）と。彼は一週間に七回も一人一人のために祈ります。その結果、教会員が突然相談に来ても、（その人のために毎日祈っているので）こたえ方が違ってきたというのです。

誰でも祈りがないときは、自分が疲れてイライラしていればそのイライラがそのままこたえ方に出てしまうものです。しかしその人のために祈っている彼は、突然の質問にも霊的にこたえることができるようになったというのです。これは大きな変化です。

この二人の例は特殊な例でしょうか。決してそうではありません。すべてのクリスチャンが同じように祈りの世界に招かれているのです。

クリスチャンでない人には真の祈りはできません。キリストを信じて罪を赦されていないので、神様との間に障壁があるからです。しかし私たちクリスチャンはキリストを受け入れています。イエス・キリストの十字架の赦しによって神様との間に直通のパイプを持っています。ですから本当の祈りができるのです。ただ、多くのクリスチャンがそのパイプを十分使っていません。人生で何がもったいないかというと、祈りの深みを知らないことほどもったいないことはありません。祈りによる素晴らしい人生の変革を体験することができるはずなのに、その力を眠らせているのですから。

このような人は、魚をとること（この世の仕事）は上手でしょうが、人をとること（救霊などの霊的なこと）は下手です。そういうアンテナ、感覚がないからです。しかしそのような人でも、ペテロやヨハネが何年も主の取り扱いを受けて祈りの人になっていったように、変えられることができるのです。私たちも今そうでないからといって、がっかりする必要はありません。

もし、神様が私たちに要求しておられることが、この世で有名になったり、山ほど財産を蓄えたりすることによって主の栄光を現すということだとしたら、私たちはがっかりしてしまいます。特別な人にはできるでしょうが、多くの人には難しいことです。なぜなら私たちにはその才能がないからです。しかし、祈りの人になるには、才能も性別も学歴も関係ありません。キリストを信じている人なら誰でも主が手を取って祈りの深みに私たちを導いてくださるからです。

神様に向かったヤコブ

旧約聖書のヤコブを通して祈りについて学んでみましょう。彼は祈りによって人生が変えられた人です。しかし彼は決して立派な人格者や特別な人ではありませんでした。むしろずるがしこい、人から嫌われるタイプの人間でした。どちらかというと双子のお兄さんのエサウのほうが人間的にはさっぱりしていて、人から好かれたかもしれません。しかし、彼が神様に向かったという記録が聖書の中には出てきません。

神様はむしろ、人から嫌われるヤコブのほうに注目していました。

もし神様が人格的に立派かどうかで私たちを判断なさるとしたら、それは大変です。私たちにはさまざまな欠点や失敗があります。自分の過去を顧みて痛みも後悔もない人などいないのではないでしょうか。身から出た錆で、人生の足がもつれたことがたびたびあったのではないでしょうか。ヤコブのように、欠点だらけの人間が私たちです。

しかし、神様はそんなことは百も承知なのです。承知の上で、そのような失敗や欠点をばねにして私たちが天に向かうことを望んでおられるのです。失敗の多い人生が、人間を祈りに押し出すのを神様はご存じなのです。

創世記32章に、ヤコブが親戚のラバンのもとを去って故郷に帰るときの記事があります。このときのヤコブには、未来に大きな不安がありました。かつて自分がだました兄エサウに殺されるのではないかという不安です。しかも過去には痛みがあります。兄を傷つけたという過去は消せません。そのような過去と未来の狭間で、ヤコブは天に心を向けるのです。そしてそのときから文字どおり彼の人生が変わり、名前まで変わるのです。彼はヤコブではなくなり、イスラエルになりました。

イスラエルとは、神に選ばれた特別な民に与えられた名前です。私たちクリスチャンは新約のイスラエルと言われます。ヤコブのように、さまざまな欠点や失敗を負っている私たちです。自分自身のことばかりでなく、家族の痛みも負っているでしょう。そのような者であっても、天に向かって神様を仰いで生きる私たちはイスラエルなのです。

そして天を仰ぐことにより人生が変わるのです。どのように変わるのでしょうか。病気に苦しんでいる人なら、その病気がいやされるのでしょうか。そういうこともあるでしょう。しかし、病気が治るだけならまた別の病気にかかります。一つの人間関係が回復してもやがて別の人間関係に悩むことでしょう。祈りによる変化とは、このような一時的な状況の変化ではありません。周りが変わるのではなく、まず自分が変わるのです。自分が変わり、それから目の前の困難も不思議に壁が崩れるように変わっていくのです。これが本当の解決です。

もし周りが変わるだけで自分が変わらないとしたら、また同じような壁にぶつかることでしょう。それは一時的な解決で、本当の解決ではありません。しかし、神様の御手の中で自分の本質が変わるなら、もう前と同じ壁にぶつかることはありません。人生が変わるとは、こういうことです。

ヤコブの不安

前述したようにヤコブはこのとき、非常に不安でした。それは未来に対する不安でした。32章7節にこう書かれています。

「そこでヤコブは非常に恐れ、心配した」

ヤコブは、お兄さんのエサウが四百人を連れてやって来るという知らせを聞きました。そこで「やはり兄は怒っている。だから自分を殺すために四百人の軍勢を連れて来るのだ」と不安になったわけです。

「兄弟は他人の始まり」と言われますが、それにしてもこの世に二人しかいない兄弟同士がこのように憎みあい、相手を恐れているとは悲しいことです。この時点で、二人の争いからはもうすでに二十年もたっていました。しかし、憎しみというものは年月がたってもなかなか消えるものではありません。ヤコブはそれを恐れていたのです。

ヤコブは、生まれたときから変わっていました。彼は双子の弟として生まれましたが、生まれるとき兄のかかとをつかんで生まれてきました。ヤコブという名前も「おしのける者」という意味で、その性格をよく表しています。

私たちの人生には、自分では越えられない枠があります。自分の性格にしても、自分の人生の道にしても、どうしても越えられない枠があり、私たちはその中で生きざるをえません。ヤコブの性格もまさにそのような、彼にとって越えられない枠でした。

その後彼はどうしたでしょうか。長男の権利が欲しくてしかたがなかった彼は、兄からその権利を横取りしてでも手に入れようとしました。そこで彼は悪知恵を絞りました。兄のエサウが空腹で狩りから帰ってきたとき、ヤコブはうまそうな煮物を作っていました。兄弟だから、その程度のものはただであげたらいいように思うのですが、彼はこの機会を利用しました。「長男の権利と引き換えならこの食べ物をあげるよ」と条件を出したのです。煮物と交換に権利を売るエサウもエサウですが、それを謀《はか》ったヤコブの悪知恵もすごいものです。

やがてお父さんのイサクが死を間近にして、長男エサウを祝福しようと思いました。イサクは目が悪くなっていました。そこでヤコブは毛深いエサウに変装して父をだましました。当然エサウの恨みを買いました。「もう赦さない。父が死んだら、弟を殺す」と、エサウは本気になって憎しみを燃やしたのです。兄にも悪いところはありましたが、ヤコブの仕打ちは実に陰険です。

ヤコブはやむなく故郷を離れざるをえなくなりました。そしてそれから二十年間苦しみました。伯父のラバンの所に行ったものの、今度は伯父にだまされ、娘のラケルを妻に望んだのに、ラケルの姉のレアを与えられました。人にだまされることがどんなにくやしいことか、自分が兄を陥れたことが、どれほど兄を傷つけたかということをおそらく彼はこのとき思い知ったでしょう。傷つけられて初めて傷つけることの重みを知ったはずです。

このように彼の足跡には痛みがあります。自分がしでかしたこと、また自分が人から負わされたこと、人生の痛みをつくづく思い知ったはずです。そして故郷に帰ろうとする今は、未来に対する不安があります。二十年もたって兄の怒りがおさまっているかと思っていたのですが、その兄が四百人を連れてやって来るという知らせです。

その知らせを聞いて本当に彼は恐れました。そしてその恐れがヤコブに特別な祈りの体験をさせるきっかけになりました。その詳細については後に述べますが、彼がした祈りは、ほんの少し祈ってはまた翌日祈る、そういう祈りではありませんでした。聞き届けられるまでは死んでも引かないという覚悟の祈りです。その結果、腿のつがいが外されて彼は不自由な体になりましたが、それ以上の祝福を得ました。

私たちもヤコブと同様、過去を振り返るとさまざまな傷や失敗があります。それぞれに性格も生い立ちも違いますが、多くの傷を負ってきました。そして私たちは「あれは失敗だった」「これも失敗だった」と考えます。しかし神様の見方はそうではないのです。神様の見方には失敗も何もないのです。「神を愛する人々、すなわち、神のご計画に従って召された人々のためには、神がすべてのことを働かせて益としてくださる」（ローマ8・28）と聖書が宣言しているとおり、失敗も傷もすべてが益になって、私たちは神様の御手の中で美しい織物の模様になるのです。それは天に昇る模様です。螺旋《らせん》階段のように、一見同じ所をぐるぐる回っているように思える人生でも、少しずつ天に昇っているのです。

神様は、私たちが人生のさまざまな出来事を通してもっともっとご自身に近づくようにと導いておられるのです。これはヤコブにかぎりません。私たちもヤコブと同じ新約のイスラエルです。教会に行っているからイスラエルなのではなく、ヤコブと同じように本当に神様との関係が築かれているからこそ霊的なイスラエルなのです。

祈りはクリスチャン生活の醍醐味

聖書の詩篇の第1篇に、「その人は、水路のそばに植わった木のようだ。時が来ると実がなり、その葉は枯れない。その人は、何をしても栄える」(3節)とあります。私の教会にある大きなかしの木が枯れました。そこで植木屋さんを呼んで抜いてもらいました。私が、「どうして枯れたのですか」と聞くと、二、三年前に町が作った下水によって根が痛めつけられてしまっていたということでした。「これじゃ枯れますよ……。枯れるときは上からだんだん枯れるのです。ほら、もう根っこも半分枯れているでしょう。すぐには倒れないけれど、だんだん枯れて最後は根も枯れてしまうんです」ということでした。

私たちの人生はかつて、この木と同じようなものでした。地上にいのちを与えられてせいぜい生きて百年。ぜんまいじかけのおもちゃが止まるように、パタッと倒れる人生でした。しかし今は違います。水路のそばに丸ごと植えかえられたのです。無限の神様から水分をいただいているのです。

聖地旅行に行った人はよくわかると思いますが、イスラエルの世界は砂漠と緑のある所がはっきりと分かれています。飛行機で飛ぶとそれがよくわかります。水のある所には緑がありますが、あとは赤茶けた砂漠の世界、死の世界です。

神様につながらない人生は、どんなに金持ちになったとしても、どんなに有名になったとしても、またどんなに楽しくてもやがては枯れる人生です。しかし、つながった今は違います。水路のそばに丸ごと植えかえられたからです。それだからこそ、祈りという方法を通してもっともっと神様から無限の霊的な恵みを吸収すべきなのです。

星野富弘さんの詩の中に、

「花が上を向いて咲いている

私は上を向いてねている

あたりまえのことだけれど

神様の深い愛を感じる」

という詩があります（『風の旅』立風書房、三〇頁）。どんな草花も暗闇に向かって咲きはしません。みな、光のほう、天に向かって咲きます。冬が来れば枯れますが、春になるとまたいのちが芽ぶきます。私たちにはさまざまな人生の葛藤の冬がありますが、それは春になって芽ぶくためです。光に向かって咲くためです。突然の出来事に、一時は火山が噴火したかのように驚くでしょうが、そこにも神様の守りの御手があるのです。

私たちがクリスチャンになったのは、主の恵みを天国に行ってから初めて味わうためではないのです。この地上にいるときにまさに天国にいるかのように生きるためであり、この異教社会の中でも主が生きておられるということを、祈りによって深く体験し、感動してそれを証しするためなのです。

弟子たちは、「祈ることを教えてください」とイエス様に求めました。それは、キリストが本当によく祈っていたからです。その姿を見て、「何をあんなに祈っておられるのか、どういうふうに祈られているのか」と知りたくなったにちがいありません。

もう一つは、自分たちの中に限界を感じていたからでしょう。祈りにはもっと素晴らしい何かがあるのではないかと感じていたからではないでしょうか。

そうです。祈りにこそクリスチャン生活の醍醐味があるのです。

ルカの11章5節以下には、その祈りの姿勢についてのイエス様の教えが記されています。ある人が、遠方から友人がやって来たのにパンがありませんでした。そこで真夜中でしたが別の友人の所に行って「友人が来たのにあげるパンがない。すまないけれどパンを三つ貸してくれ」と頼みました。「非常識だ、こんな夜中に」。普通はそう思うでしょう。しかしそれでも求め続けるなら与えられるのです。また、子どもが魚を下さい、卵を下さいと言うときに、蛇やさそりを与える親はいません。肉の親でさえ子どもに良いものを与えようとします。ましてや神様は、求める者に良いものを与えてくださらないはずはないのです。私たちは熱心に、熱く祈るべきなのです。恵みは「棚からぼた餅」式に与えられるものではありません。神様は私たちが自分から求めてそれを得るようにと願っておられるのです。

私には、小学校一年生の子どもがいます。子どもを育てていて一番悲しいのは、その子が病気をしたときです。喧嘩しても泣いても傷だらけになってもいいから、元気でいてくれたほうがどんなにいいでしょうか。「テレビが見たい」「あれが欲しい」と、何かを求めてくれたほうがどんなにいいでしょうか。病気で何の反応もしない、何も求めないということほど心痛むことはないのです。

私たちは皆神様の子どもです。神様は私たちが元気にいろいろなものを求めるのを喜んでおられるのです。ペテロのように失敗してもいいのです。ヤコブのように角があってもいいのです。人生がもつれにもつれても、神様のほうに向かって来るヤコブが、神様はやはり好きなのです。私たちはそういう意味でのヤコブであり、イスラエルなのです。

ある医師の証し

教会の近くの歯医者さんがクリスチャンになりました。大学の医学部でずっと研究をしていたのですが、体を壊したために田舎で開業した人です。その彼に、「どうですか、クリスチャンになって何か変わりましたか」と聞きました。すると、「変わりました。治療するときに、祈りながら治療するようになりました」と答えました。

その方は、普通の歯医者ではなく、口腔外科といって、いろいろ難しい口の中の手術をこなせる医師なのです。彼によると、歯にも神経痛があり、それが原因で激しい頭痛がしたりするのだそうで、そういう難しい患者さんが彼の所に回されて来るのだそうです。

ある患者さんが、総合病院に入院して検査したけれどもどうしても頭痛の原因がわからず、最後に、もしかしたら歯が原因ではないかということで紹介されて来ました。最初、一本一本の歯を治療してもどうしても治りませんでした。けれども、お祈りしながら治療したところ、それ以来、来なくなったそうです。やがてその患者さんから「治りました。感謝します」という手紙が来たそうです。

その歯医者さんは、クリスチャンになる前も一生懸命治療したことでしょう。しかし、今は以前と違うのです。自分の身につけた医療技術だけで治療するのではないのです。それも用いますが、最終的には神様に頼りながら、祈りながら治療するのです。優秀な歯医者さんはたくさんいますが、彼のように祈りながら治療する歯医者さんは少ないと思います。

開業する前、その方は、大学でモルモットを使って実験をしていたため、動物アレルギーになりました。激しい咳が出たため、肋骨が一本ずつ折れたというのです。「咳で肋骨が折れますか」と私が仰天して聞くと、案外肋骨は折れやすいのだそうです。とにかくその方の場合肋骨が折れ、下着が重くて仰向けに寝られなくなり、しかたなくうつ伏せになったりして寝たとのことです。そして、療養をかねて田舎に引っ込み、開業しました。

幸い、引っ越してからは徐々に治ってきていたのですが、最近またあの不気味な咳が出たそうです。しかし、そのとき彼はすでにクリスチャンになっていましたから、咳が出るとお祈りしました。そうしたら、咳が止まったというのです。それはまだ教会に来はじめて間もない頃でした。聖書も全部読んでいなかったかもしれません。でも、たとえたった今キリストを信じた人であろうと、神様は分け隔てなくその祈りに耳を傾け、みわざをなしてくださるのです。

祈りにはそのような力があるのに、私たちの怠慢で祈りの剣が錆びてほこりだらけになっているとしたら、本当に申しわけないことです。私たちはもっともっと神様の恵みを体験するために、祈るべきです。生まれたばかりの赤子でも、父のぬくもり、母のぬくもりを感じるのに、いつしか父なる神様のぬくもりを忘れて自分の知恵や力に頼り、「祈らなくても生活できるから」と考えるのは大きな間違いです。

だいぶ前に聞いた、ある会社員の話です。一緒に入社した友人が彼をおいて昇進したそうです。彼は心穏やかでなくなりました。それはそうでしょう。ずっと同僚として働いてきた仲間なのに、彼が自分より上役になるのですから、これは悶々とします。しかし彼はその思いが心をよぎったとき、すぐにトイレに行ってひとしきり祈ったそうです。「神様、彼は今度昇進しましたが、どうか穏やかに、何のわだかまりもなく接することができますように」と。「ひとしきり」という意味は、ほんの少しの祈りでは心を変えるのはとても難しかったからです。そしてトイレから出てきてその人に会いました。本当に不思議に、何のわだかまりもなく声をかけることができたそうです。おそらく、祈らなかったら自然にそんな態度はとれなかったでしょう。祈ったおかげで道が変わりました。

祈らなかった神学校時代の半年

恥ずかしいことを告白しますが、私は神学校に入ってからもしばらくの間お祈りをしたことがありませんでした。これから牧師になるというのに、本当に祈ったことがなかったのです。もちろん、祈禱会などの集会ではお祈りをしていました。けれど一対一で神様に心を注いで祈るということがなかったのです。それで、お祈りなしに神学校で半年くらい生活したわけです。

祈らなくても人は生きられます。食事をして睡眠をとれば生きられるのです。しかし神様の目から見たら、ほとんど仮死状態だったと思います。実際、だんだん行き詰まってきました。人間関係も行き詰まり、勉強も行き詰まりました。

あるとき、ノンクリスチャンを対象にメッセージをすることになりました。祈らないので、上手な説教ができるわけがありません。しかも相手はノンクリスチャンですから、正直につまらなそうな顔をするのです。話している私のほうはだんだん怖くなりました。そしてたまらずに「神様、助けてください」と叫ぶように心の中で祈らざるをえなくなりました。それから少しずつ祈りが始まりました。

最初は五分でした。でも、たとえ五分であっても、それまで祈ったことのない人が祈ると、本当に生活が変わります。これは私の実感です。『ちいろば』で有名な榎本保郎先生もそんなことを書かれていました。全然祈っていない人が、少しずつ定期的に祈るようになったら、やがて生活が変わります。それは、何か成績がよくなるとか、急に説教が上手になるということではありません。そういう自分の計算を越えた何かが起こるのです。まず、主が一緒におられるという臨在感が与えられます。聖書の知識だけの信仰ではなく、生活の随所に、不思議な体験として臨在が感じられるのです。生活の中にそういう不思議な感覚が出てきます。

私は歩きながら祈るようになりました。一回祈りを覚え、その醍醐味がわかったら、「もうあと十分」「二十分」「一時間」「二時間」と、祈りから離れられなくなりました。牧師になって教会に赴任してからも、よく夜中に祈りました。真夜中の二時、三時に、田舎ですから田んぼの畦道をずっと歩きながら祈るのです。三時間も祈るとかなり山奥まで行きます（ただし、時々警察官に不審がられますから、それだけは気をつけるように）。こうして雨の日も雪の日も欠かさずに歩いて祈っていたので、とうとう足を悪くしてしまいました。そこで、以後は外を歩かず、部屋の中で歩き回りながら祈っています。

私のように、全然祈りの世界を知らずに何年もクリスチャン生活をしていたような人間でも、神様は捕らえてくださるのです。そしてもっと豊かな深みに漕《こ》ぎ出させてくださるのです。ですから祈りましょう。ヤコブが神様に祈ったように、私たち新約のイスラエルとして祈りましょう。

ぜひ、一日のうち「私は六時から六時十分まで祈る」というように、時間を決めて祈ってください。良い習慣は何回失敗しても最後は身につくものです。一日三度の食事を欠かさないように、霊の食事も欠かさずに決めた時間にとるようにするのです。これまで全然祈っていなかった人は、最初は五分でもいいでしょう。朝十五分祈っていた人は、夜も十五分祈ってみるとか、十五分を三十分にしてみるのもいいでしょう。失敗してもいいのです。またやり直せばいいのですから。

とにかく目標を決めて定期的に神様と二人だけの時間をとることです。そうすると、間違いなく人生が変わります。

祈りの格闘

ヤコブにはエサウと会う前の旅の途中で、神様の励ましが与えられていました。

「さてヤコブが旅を続けていると、神の使いたちが彼に現れた。ヤコブは彼らを見たとき、『ここは神の陣営だ』と言って、その所の名をマハナイムと呼んだ」(32・1、2)

ヤコブが、神の陣営つまりキャンプに出会ったというのです。ところがヤコブは、神の使いたちを見るという特別な経験をしても「だから大丈夫だ」と考えません。彼はなかなか心配性です。エサウが四百人を連れてやって来るという報告を受けると、まず、今まで二十年間に蓄えた財産を二つに分けます。たとえ一つがエサウに攻撃されても、一つが残るからです。そして彼は祈りました。

「どうか私の兄、エサウの手から私を救い出してください。彼が来て、私をはじめ母や子どもたちまでも打ちはしないかと、私は彼を恐れているのです」(11節)

しかし、それでも彼は安心できませんでした。そして次の手を打ちました。兄への贈り物を選んでいくつもの群れに分け、自分より先を進ませたのです。これはクッションです。エサウと四百人が来ると、まず最初の贈り物に出会います。もちろんそこにはヤコブはいません。エサウが、「何だこれは」と聞くと、しもべが「これは弟のヤコブ様が、お兄様にプレゼントするものです」と答えます。それを何回も繰り返しているうちに、さすがのエサウの怒りも鎮まるだろうというわけです。これほどまでに彼は知恵を絞って用心しました。ところが、それでも彼は安心できないのです。

私たちも、やれるかぎりいろいろな知恵を絞り、能力を尽くしてもなおかつ安心できないことがあります。ヤコブも同じです。自分のできることはすべて尽くしたあとでそれでも安心できなかった彼は、最後の最後に、神様と格闘しました。

「ヤコブはひとりだけ、あとに残った。すると、ある人が夜明けまで彼と格闘した」（24節）

この格闘とは、レスリングのことです。天の使いとヤコブが組み討ちの格闘をしたのです。

聖書には多くのすぐれた信仰の人が出てきますが、神様と格闘した人はヤコブしかいません。人間的にはアブラハムやイサクのほうが立派に見えます。けれども、ヤコブのように神様に執拗にすがり、神様が大丈夫だと言ってくださらなければ決して離れないと言って格闘した人はいません。アブラハムやイサクにではなく、ヤコブに「イスラエル」という名前が与えられたのはそのためです。ヤコブのように、ひたむきに向かって来る人を神様は求めておられるからです。

「ところが、その人は、ヤコブに勝てないのを見てとって、ヤコブのももつがいを打っ

たので、その人と格闘しているうちに、ヤコブのもものつがいがはずれた」(25節)

彼は足を打たれました。たとえ肉体を打たれても、いいえ、いのちさえ取られても御国の祝福をいただけるならばかまわない、そういう覚悟がヤコブにはありました。たいした気迫です。ほんの少し、一、二分祈るような、そんな祈りではありません。ゲッセマネでキリストが血の汗を流して祈られたように、一時間、二時間、三時間……なんと夜明けまで、神様のふところに向かう尋常でないその祈りの格闘は続きました。

「その人は言った。『あなたの名は、もうヤコブとは呼ばれない。イスラエルだ。あなたは神と戦い、人と戦って、勝ったからだ』」(28節)

聖書の欄外注によると、イスラエルの「イスラ」とは、「戦う」の語根「サラ」の派生語だそうです。ヤコブは神様と戦って勝ったのです。彼はそういう人になりました。その後の彼はさわやかです。まだエサウに会う前なのに、彼の態度からは、もう問題はなくなったかのように感じられます。

「そこでヤコブは、その所の名をペヌエルと呼んだ。『私は顔と顔とを合わせて神を見たのに、私のいのちは救われた』という意味である」(30節)

やはり欄外注には、ペヌエルは「あるいは『神の御顔』」とあります。ヤコブはここで神様と顔と顔とを合わせたのです。

「彼がペヌエルを通り過ぎたころ、太陽は彼の上に上ったが、彼はそのもものために足を引きずっていた」(31節)

何とすがすがしい情景でしょう。四百人を連れてお兄さんが来るという状況は変わっていません。しかしもう、彼の心の中では問題がすっかり乗り越えられているのです。体は不自由です。しかし、さわやかです。むしろ体の不自由は神様と戦った証しとなっています。

まず自分が変えられる

詩篇118篇8節に、「主に身を避けることは、人に信頼するよりもよい」とあります。人間に信頼するよりは最初から神様のもとに行けということです。あるいは箴言3章6節に、「あなたの行く所どこにおいても、主を認めよ。そうすれば、主はあなたの道をまっすぐにされる」ともあります。

ヤコブは、財産を二つに分けたり、贈り物をしたりと知恵を絞りました。同じように私たちもしばしば自分の力や知恵だけに頼ります。もちろん、そのような私たちの努力も大切ですが、まず神様に深く頼る祈りがなければならないはずです。それがあるなら、あなた自身が神様の取り扱いで変わります。そして実際に壁や問題を乗り越えることができます。人生全体が、神様が導かれる方向に引かれていくのです。

まず自分から変わる、これが大切です。あなたが変わったら、その祝福が家族や周りの人に及ぶのです。自分が古いままでは、たとえ周りや状況が変わっても本当の解決ではありません。自分は相変わらず、むなしいのです。

私たちは、しあわせをテントのように考えています。テントは、簡単な留め具とバランスで立っていますから、少し強い風が吹くと倒れてしまいます。経済的に安定していて病気にもならず、事故にもあわなければ「まあ、しあわせかな」と多くの人は考えますが、これは本当のしあわせではありません。状況が厳しくなると、バタッと倒れてしまいます。

しかし、聖書の説くしあわせはそういうものではありません。仮に病気であっても倒れない、たとえ寝たきりになっても不思議な神様の支えがある、それが本当のしあわせというものでしょう。

ヤコブは、エサウと四百人がいなくなって、状況が変わったからもう大丈夫と思ったわけではありません。まず自分が変わって、イスラエルになりました。そしてその自分の背後には主がおられるということがわかった、だからもう大丈夫、たとえ四百人が来ようと、神様の手の中に私はいると信じて疑わないから安心しているのです。これが本当の解決です。実際彼は新しい人生に導かれていきました。

どんなに状況が厳しくても……

私の教会に、八十歳近い婦人がいます。この人は癌を患っています。髪の毛も抗癌剤で全部落ちてしまい、前はかつらをかぶっていました。肺に四箇所、骨髄に一箇所、腫瘍があるそうです。しかしこの方は、全然癌に負けていません。

あるとき、お孫さんが私の所に来て、「うちのおばあちゃんは普通じゃない」と言いました。「あんなに癌に次々に襲われたのに、本当に生き生きとしている。私がおばあちゃんになったら、うちのおばあちゃんみたいになれるかしら」と聞いたほどです。

普通なら、癌に四方八方から押しつぶされてしまうはずです。ところがその婦人は完全に癌を乗り越えています。七十過ぎてからワープロを買って習い、教会の文書作りの奉仕をしていました。礼拝にもきちんと来て、オルガンの奉仕までしているのです。去年、抗癌剤のせいで症状がひどく悪くなったときも、「私から奉仕をとらないで」と言っていたほどです。

彼女の癌はまだ治っていません。しかし、彼女の生き方は人の心を打ちます。あれほどの圧迫を受けながら、これほどまでに人は輝けるのか……そういう感動です。状況はむしろ悪化しています。しかし彼女は祈りの中でそれを乗り越えています。

旧約聖書のヨセフは、ユダヤ人でありながらエジプトの国の宰相になりました。しかし十七歳で兄弟に奴隷としてエジプトに売られてから宰相になるまでの十三年間は紆余曲折の人生を送りました。無実の罪で牢獄に入れられ、人を信頼して裏切られました。芽が出るまでの十三年間、神様の手の中で練りに練られたのです。コツコツ削られたのです。

やがて時が来て宮殿に召し出されたヨセフは、エジプト王パロの夢を解きあかしました。聖書には、パロは彼を見て「神の霊の宿っているこのような人を、ほかに見つけることができようか」と言ったと書いてあります。異教の王様がそう告白したというのです。もし十七歳のヨセフだったら、自分が王様の夢を解きあかしたとたんに自慢顔になったことでしょう。事実、彼は兄弟に、「お兄さんたちが自分を拝んでいる夢を見た」と誇りました。その結果兄弟から憎まれたのです。

ところがそのときは違うのです。練られて変わったヨセフがそこにいました。彼が用いられるようになったのはそれからです。そして彼は世界中を動かすような歴史の表舞台に登場しました。

母の祈りが私を変えた

私たちも、祈りの中で神様に深く取り扱われることによって人生が変わっていきます。私が牧師になろうと決心したとき、母に手紙でそれを知らせました。やがて母の返事が来ました。私はその内容が忘れられません。

母の返事はこうでした。「私はあなたがキリスト教の保育園に通っていた二歳のとき、『僕、大きくなったら教会の佐竹先生になる』と言って以来（佐竹先生とは、当時の牧師先生）、私は、これは神様が語らせたと信じて、あなたを涙ながらにささげ、この二十年間祈ってきた」と。

途中、私は教会に行かなくなったときもあります。キリスト教は嫌いだと言って反発したときもあったのです。五年ほどして教会に戻って、次は突然牧師になると言いだしました。母の手紙はこうです。「あなたは自分の口で二歳のときに牧師になると言い、二十年たってまた言った。その間、いろいろなことがあったけれども祈ってきた。そうしたら今レールが一本になって……。神様のなさることは本当に不思議です」と。

私が知らなかったところで、母がずっと祈っていたのです。私の牧師としての務めのために。祈りは人生を変えます。どんなに私が神様を嫌って反対の方向に行ったとしても、戻されるのです。

初代教会の聖徒アウグスチヌスもそうでした。彼は十代の時にアフリカでマニ教に凝りました。そして二十歳にならないうちに同棲して子どもが生まれました。クリスチャンだった母モニカは心を痛めました。そしてずっと祈りました。祈って祈って祈りました。その結果彼は悔い改めました。実にアウグスチヌス三十三歳のときでした。彼は四月に洗礼を受けましたが、その秋には母モニカは召されているのです。けれども、そのお母さんの祈りがあったから古代教会最大の聖徒、アウグスチヌスが誕生したのです。

四国の教会に行ったときのことです。ある校長先生の葬式がありました。その校長先生の奥さんは熱心なクリスチャンでした。でも、本人は大のキリスト教嫌いだったそうです。奥さんが家で集会をすると、隣の部屋で思いっきり大きなボリュームでテレビのプロレスを見るという具合です。そして、「俺が死んでも葬式はいらん。遺灰は吉野川にでも流してくれ」と言っていたそうです。

ところが奥さんはそんな態度に反発せず、ずっと祈っていたそうです。そんなある日ご主人が出張に行くとき、「あなたのために祈ってますよ」と言いました。不思議なことにその言葉でご主人の心が急に溶けたのだそうです。そしてやがてクリスチャンになりました。亡くなる一年前のことだそうです。葬儀では生前の声がテープで流れましたが、その中でご主人はこう言っています。「私は本当に死が怖くなくなりました。この人生、誰に私が感謝しているかというと、家内にです。イエス・キリストを信じて、死の恐れから解放されることを教えてくれたのは家内です」と。

本当に神様がいつ働かれるのか私たちにはわかりません。奥さんの祈りが、頑固だったご主人の人生を、最後のぎりぎりのところで変えたのです。そしてこのような告白を生んだのです。

祈りの力はすごいです。私たち自身の人生を変え、人の人生まで変えます。私たちが、このような祈りの特権を与えられたクリスチャンであるということはなんと感謝なことでしょうか。ぜひ、一人一人がこの祈りの深さを知って、恵みのうちに生きる者となりたいものです。

祈りは歴史を変える（Ｉサムエル１・９〜28）

第二章では、旧約聖書の登場人物、ハンナから学びたいと思います。

私たちの教会では男性壮年会を「カレブ会」と呼び、婦人会を「ハンナの会」と呼びます。カレブはやはり旧約聖書に出てくる人物で、年をとってもなお現役のまま最前線で活躍した人です。教会の壮年もカレブのように、年をとってもみずみずしく、主の戦いの前線にいるような、そういう人でありたいとの願いを込めてこの名をつけました。

一方、婦人会はハンナのような、みごもりの祈りをしたいということでつけました。みごもりの祈りとは、産みの苦しみの祈りのことです。産みの苦しみの祈りは歴史を変えます。

産みの苦しみの祈り

ハンナのことは旧約聖書のサムエル記第一に出てきます。サムエル記は、イスラエルが士師と呼ばれた人々によって統治されていた時代から、サウル、ダビデ、ソロモンなどの王様による統治に移行する過程を叙述した書物です。イスラエルの歴史はこの王国建設から、真の王であるイエス・キリストの来臨に至るまで大きなうねりとなって流れていくのです。

サムエル記の前の時代は士師時代です。士師の時代は暗黒の時代です。士師という指導者はいましたが、人々は皆自分勝手なことをしていました。道徳的にも退廃していた困難な時代でした。

ところが、サムエルという、前にもあとにも二度と出ないような格別な預言者を得たときからイスラエルの歴史は変わりました。イスラエルは王国となり、黄金時代を迎えたばかりか、ダビデ王の子孫としてキリストが生まれるという預言の成就に向けて歴史が展開していくのです。このような歴史の始まりにあたり、どうして女性なのでしょうか。それは、このハンナの産みの苦しみの祈りがあったからこそサムエルが生まれ、歴史が変わったからです。

ハンナ自身は何も大それたことを考えたわけではありませんでした。ただ、彼女は苦しかったのです。その苦しみから逃れたくて産みの苦しみの祈りをささげたのです。

ハンナの夫エルカナには、ハンナのほかにもう一人ペニンナという妻がいました。一つ屋根の下にもう一人奥さんがいていじわるされている、しかも自分には子どもが生まれないのに、ペニンナには息子や娘が生まれた、こうした状況にたまらなくなって、「神様!」と叫ぶように祈ったのがハンナの祈りです。くやしくて、つらくて、苦しくて、これ以上この状況には耐えられそうになかった、ただそれだけです。しかし、その祈りからサムエルが生まれました。

サムエルは二人といない人物です。やがて彼はイスラエルを治めます。また、イスラエル史上初めて王様を立てました。

その王様を立てるとき、人々はサムエルに「今や、あなたはお年を召され、あなたのご子息たちは、あなたの道を歩みません。どうか今、ほかのすべての国民のように、私たちをさばく王を立ててください」(Iサムエル8・5)と、大変失礼なことを言いました。まるで、あなたは引退してくださいと言わんばかりです。

しかし彼は実にふところが深い人物でした。人々の要求をいれてサウルを王として立てました。サウルが主の道から外れるとダビデを立て、やがて彼自身は歴史の舞台から消えていきました。彼は、歴史の曲がり角に自ら立ちながら、いろいろな労苦を身に受け、新たな流れを作っていったのです。あとはダビデからソロモンへと順調に王国は発展しました。

このようなサムエルを語るのに、母のハンナのあの苦しみの祈りを除外するわけにはいきません。

小さな壁を越える祈りが世界を変える

私たちは学校で日本史や世界史を習います。それは一見すると、人間の営みだけのように見えます。しかし、クリスチャンである私たちはこの歴史の背後に神様が働いているということを認めなくてはなりません。

天地の創造、人間の堕落、イエス・キリストの十字架と復活、教会時代と終末、最後の審判などの大きな流れと、その中のさまざまな人間の営みはすべて神様の御手の中に導かれているのです。その大きなうねりの中で、私たちの産みの苦しみの祈りが歴史の進展のためにどれだけ用いられていることでしょう。そう考えると、私たちは畏れおののかざるをえません。

こんなことを言うと、「歴史を動かすだなんて。そんな大きなこと考えていません」と言う人がいると思います。コリント人への手紙第一9章には、私たちクリスチャンは、競技をする者のようだと述べられています。水泳でもマラソンでもいいのですが、競技をする人は長い目と目先のことを見る目と両方を持っています。四年後のオリンピックのマラソンで金メダルを取ろうと本当に思ったら、四年間のきちっとした訓練スケジュールを立てなければなりません。四年後のその日にベストの体調になるように、自分を鍛錬するためです。

では、競技者はいつも四年後のことだけを考えているかというと決してそうではありません。スケジュールを決めたら、あとは今やるべき目先のことをただコツコツやるのです。その努力があって初めて四年後の金メダルもあるのです。信仰の競技においては、遠い先のことは神様がみこころの中にご計画を持っておられます。そしてそのご計画に従って日々の訓練を私たちに与えてくださいます。したがって私たちは日々の訓練をコツコツとこなしていけばいいのです。時には、今ぶつかっている訓練の意味がよくわからないかもしれません。しかし必ずこれが益になることを知っているので、その訓練に集中するのです。

ハンナも目の前のことだけを考えました。今、この家族の中の苦しみのことにだけ集中していました。今越えるべき壁を祈りによって越えようとしました。神様はその彼女の祈りを用いて世界の歴史を動かしてくださったのです。ですから私たちも、今越えるべき壁が何であるか、具体的に何について祈るべきかを考えるべきです。「神様、こんな小さなことをするだけで人生を終えるのですか」と言う必要はありません。神の国の大きな流れの中に、私たち一人一人の人生があり、そこから生まれ出る祈りが歴史を変えるからです。

二年ほど前、パン屋さんが救われました。そのパン屋さんが、「聖書を勉強して驚きました。クリスチャンは地の塩だと書いてあるのを読んで、なるほどと思いました」と言いました。「どうしてですか」と聞くと、「フランスパンは塩しか入っていないんです。あんな少量の塩で、よくこんなおいしいフランスパンの味が出るものだと常々思っていました。一つまみの塩でもこれだけの味が出せるということを考えるなら、たとえ少数でもクリスチャンの存在には意味があるのだとわかりました」と言いました。

神の国は「パン種」のようなものです（マタイ13・33）。やがて大きくふくらみます。また「からし種」のようなものでもあります（31節）。やがて空の鳥が巣を作るくらいの大木に成長します。ですから小さくても大丈夫なのです。こんな祈りで大丈夫か、こんな祈りで目の前の壁を越えられるかと思うかもしれませんが心配いりません。たとえ針の穴のような小さな祈りであっても、あとは神様が大きくしてくださるのです。

ヘレン・ケラーは三重苦を乗り越えた奇跡の人と言われています。彼女の伝記によれば、彼女には自分の少女時代の記憶がないそうです。獣のようだったというのです。獣がただ食べて、飲んで、寝るだけであるように、本能のままに生きていたのだそうです。また、人間的な感情の起伏もなかったそうです。

そのような彼女とコミュニケーションするためにサリバン先生はどれほど祈ったことでしょう。水という言葉を教えるために、彼女はヘレン・ケラーのてのひらに「Water」と書き、その次に実際に水に触らせました。一度だけではありません、また書いて触らせる、また書いて触らせる……その繰り返しをしたのです。目が見えず、耳が聞こえないのですから、なかなか伝わりません。そもそも自分が人間だという意識があるのかどうかもわかりません。でもサリバン先生は、祈りながら根気よく教えつづけました。

ヘレン・ケラーは何度も短気を起こしたそうです。しかしサリバン先生はそれでも「Water」と書き、水に触らせました。とうとうある瞬間にヘレン・ケラーにわかりました。「誰かが自分の手を取って何かを書いている。この書かれたものは、この冷たいものを表すのだ」と。それは針の穴のような小さな一歩でした。しかしその小さな穴が開いたことにより、人とのコミュニケーションの広い世界が彼女の前に開けたのです。

小さくていいのです。神様に心を注いで祈り、小さな穴を開けるならば、そこから神の国が大きく広がっていって、必ず世界が変わるのです。最初から大きなことばかり望んでいても物事は変わりません。でもたとえ小さな目の前の一歩であっても、確実に越えるなら、やがて山頂に行きます。

たとえ状況は変わらなくても

ハンナの祈りについて続けて学びましょう。ハンナはどんな状況の中で祈ったのでしょうか。
「彼女を憎むペニンナは、主がハンナの胎を閉じておられるというので、ハンナが気をもんでいるのに、彼女をひどくいらだたせるようにした」（1・6）
ハンナには子どもが生まれませんでした。一方、ペニンナには子どもがいるうえ、彼女がいじわるをするというのです。ハンナにとっては、一軒家の限られた空間の中で、息もつまるような生活です。苦しくて苦しくて、忍耐にも限界があります。その状況が、彼女に主の宮で特別な祈りをさせたのです。

「ハンナの心は痛んでいた。彼女は主に祈って、激しく泣いた」（10節）

泣いているのか祈っているのかわからないような祈りです。人目も何もあったものではありません。第一章でヤコブは、過去と未来の狭間で、たまらずに天に叫び、体に傷を負ってまで祈りの格闘をしたと述べましたが、それと似ています。もう耐えられないのです。人の目には酔っていると見えたほどの真剣な祈りでした。それを見た祭司エリがこう言ったほどです。

「いつまで酔っているのか。酔いをさましなさい」（14節）

12、13節を読むとわかりますが、ハンナの祈りは言葉には出さない長い祈りでしたから、ブツブツと口を動かすだけで、エリから見るとまるで酔っているように見えたのでした。それだけ祈りに打ち込んでいたと言えるでしょう。

「ハンナは答えて言った。『いいえ、祭司さま。私は心に悩みのある女でございます。ぶどう酒も、お酒も飲んではおりません。私は主の前に、私の心を注ぎ出していたのです』」（15節）

すごい祈りです。私たちはこのような祈りをしたことがあるでしょうか。苦しくてたまらず、時間も人目も忘れて、「神様が聞いてくださったと確信が与えられるまではここから絶対に離れません」という覚悟で祈ったことがあるでしょうか。

このハンナの捨て身の祈りは主に聞き届けられました。

「エリは答えて言った。『安心して行きなさい。イスラエルの神が、あなたの願ったその願いをかなえてくださるように。』彼女は、『はしためが、あなたのご好意にあずかることができますように』と言った。それからこの女は帰って食事をした。彼女の顔は、もはや以前のようではなかった」（17、18節）

不思議なことに、祈り終わったあとのハンナはヤコブと同じです。彼女の顔つきが変わったのです。祈りによる勝利とは、自分自身の心の中に生まれる確信です。まだ紅海の水が分かれていなくても、まだ火の柱、雲の柱が見えなくても、「私はもうこの悩みに支配されない、主が私とともにおられる。私は新しくなった」という確信が来るのです。彼女の顔つきが以前のようでなかったというのが、その確信を表しています。

客観的な状況はまだ何も変わっていません。家に帰ってもまだ以前と同じです。子どもはいないし、いじわるな相手も変わらずにいます。しかし彼女自身が変わりました。もうすっかり悩みが洗い流されて、二度とあの惨めな思いに支配されないのです。それからほどなくのことです、本当に赤ちゃんが彼女に宿りました。

神様は不思議な方です。まず祈りのうちに信仰を起こされるのです。その信仰の器が十分にできた頃、実際にみわざを行われます。

中国で二十年以上迫害されて、強制収容所に投獄されていた牧師が二度、私たちの教会に来られました。その説教は火の出るようなものでした。中国では多くのクリスチャンが迫害され、ある人は殺されました。あるとき、一人の娘さんが「信仰を捨てろ」と拷問されたそうです。彼女は一本一本の指に針金をつけてつるされました。指の関節では体重を支えられませんから、大変な痛さだったでしょう。痛くて耐えられそうもなかったその中で彼女は祈りました。そして祈りの中でキリストの十字架の苦しみを理解し、「この苦しみは主のための苦しみだ」と受け止めた瞬間、痛みを感じなくなったそうです。

祈って状況から解放されることは素晴らしいことです。しかし、苦しい状況がたとえ変わらなくても、その苦しみのただ中に主がおられるということを知ることはなんと素晴らしいことでしょう。

「それればかりではなく、患難さえも喜んでいます。それは、患難が忍耐を生み出し、忍耐が練られた品性を生み出し、練られた品性が希望を生み出すと知っているからです。この希望は失望に終わることがありません」（ローマ5・3〜5）

普通は、病気が治るとか、お金を儲けるということが希望だと思います。聖書はそれらとは反対のことを言っています。患難の中にいてもつぶれず、その患難の中で忍耐が生まれ、ハンナのように忍耐から素晴らしい信仰が生まれ、それが品性となって本当の希望を輝かせるのです。これこそ聖書が語る不思議なプロセスです。

わが家の近くにあやめ園があります。大きな花びらの花が咲いていてとてもきれいですが、近くに寄って見ると、そのきれいな花が汚い泥の中に咲いているのがわかります。同じように私たちも、神様に練られに練られて、汚かった泥水の中から信仰の花を咲かせるのです。

本当にささげきったハンナ

まもなくハンナに赤ちゃんが与えられました。エルカナは毎年、家族を連れてお祈りに宮のあるシロに行くことにしていたのですが、その年ハンナは行きませんでした。というのも彼女は、「万軍の主よ。もし、あなたが、はしための悩みを顧みて、私を心に留め、このはしためを忘れず、このはしために男の子を授けてくださいますなら、私はその子の一生を主におささげします。そして、その子の頭に、かみそりを当てません」（11節）と誓っていたからです。そして、「この子が乳離れし、私がこの子を連れて行き、この子が主の御顔を拝し、いつまでも、そこにとどまるようになるまでは」（22節）と言って、時が来てその子を主にささげるまでは宮には行かなかったのです。

多くの場合、「もし与えられたら神様のためにささげます」と言いながら、実際に与えられると、あまりにかわいくて（ハンナのように、年がいって与えられた子どもならなおのこと）手放せなくなるものです。「あのときはああ言いましたが、気持ちが変わりました」と言いやすいものです。でも彼女は違いました。神様との約束をきちんとはたそうとしました。ハンナは自分の楽しみよりも主に従うことを大事にした人でした。

「乳離れ」するまでということですから、手元に置いたのはおそらく二歳か三歳まででしょう。それまでに彼女は愛情のありったけを注いだことでしょう。そして時が来ると、きっぱり手放しました。

「その子が乳離れしたとき、彼女は……その子を連れ上り、シロの主の宮に連れて行った」（24節）、「ハンナは言った。『おお、祭司さま。あなたは生きておられます。祭司さま。私はかつて、ここのあなたのそばに立って、主に祈った女でございます。この子のために、私は祈ったのです。主は私がお願いしたとおり、私の願いをかなえてくださいました。それで私もまた、この子を主にお渡しいたします。この子は一生涯、主に渡されたものです。』こうして彼らはそこで主を礼拝した」（26〜28節）

なんとはっきりした信仰でしょう。この信仰は、おそらくその子サムエルにも影響を与えたのではないでしょうか。彼の、まっすぐに神様に向かっていく信仰は母親ゆずりと言えるでしょう。

祈りによって壁を越えた人々

第二章では、「歴史を変える」という大きなテーマを掲げましたが、私たちはどうやって歴史を変えるかなどと考えなくてもいいのです。目の前の壁を、人の知恵や努力によってではなく祈りによって越えていく、それを私たち一人一人がしていけば、確かに歴史は変わっていくのです。

「五千人もいますが、食事をどうしましょうか。五つのパンと二匹の魚しかありません」と弟子たちが言ったとき、イエス様はそのわずかな食物を取り、天を見上げて祝福なさいました。そこからみわざが起こりました。「なんだ、たったこれだけではしかたがない」と思うような小さなものでも、イエス様の前に持って行くならそれで五千人が養えるのです。私たちも、目の前にある小さな問題をイエス様のもとに持って行き、祈りによって乗り越えるならそれが個人の歴史を変え、また時に世界の歴史を変えるのです。

私の教会のような地方の教会にはお年寄りが多いのですが、その中に素晴らしい信仰者がたくさんいます。

七十歳代のある会員が教会で書道教室を始めました。この人は元軍人で、戦後は農協に勤めていましたが、クリスチャンになる前は半分アルコール依存症に近い状態だったそうです。そこでこの人がなぜクリスチャンになったのかと思って本人に話を聞いてみました。

それによると、彼の奥さんが――すでに亡くなっており、私はお会いしたことがありません――素晴らしい人だったのです。あるとき、奥さんがへそくりをためて（その当時は、お金はほとんどご主人の酒代でしたから）、ワイシャツを買ったそうです。ご主人があまりによれよれのワイシャツを着て出勤するものですから、奥さんとして恥ずかしかったのでしょう。「お父さん、これ着て」と渡したそうです。ところがそのワイシャツを見てご主人は怒りました。「ワイシャツを買う金があるんなら、酒を買ってこい！」こう言って、そのワイシャツをビリビリ破いて奥さんに投げつけたのだそうです。普通だったらここで大喧嘩です。ところがその奥さんの対応が違っていました。彼女は黙ってひざまずき、「お父さん、ごめんなさい」とだけ言って、破れたワイシャツを集め、黙って隣の部屋に行ったそうです。

その瞬間にご主人のかたくなだった心が溶けました。「俺はいつも偉そうにして威張って怒っている。でも、わが家で一番強いのは家内じゃないか。心臓が弱くても農家の嫁として働き、そのうえ主人に理不尽なことを言われても耐えている。いったいなんで家内はこんなにも強いのだ」。そう思ったそうです。

それからほどなくして奥さんがご主人に聞きにきました。「お父さん、私、教会で洗礼受けていい？」と。雷が落ちるかと思っておそるおそる聞いたところが、不思議なことが起こりました。「俺も教会へ行っておまえと一緒に洗礼を受ける」とご主人が言ったのです。そして本当に同じ日に洗礼を受けたのです。聖書を読んだこともないし、それまで教会に行ったこともない人がです。

これは奇跡です。しかしその奇跡を起こしたものがありました。それは奥さんの証しです。奥さんは壁を越えていたのです。ご主人の目から見たらその生き方が不思議だったのです。おそらく、どんな有名な説教者が来ても、このご主人の心を溶かすのは難しかったでしょう。しかし神様は、体の弱い一人の婦人を用いて不思議なみわざをなさいました。

今、その家は親子三代にわたるクリスチャンホームになっています。そして、ご主人は書道という賜物を通して教会の中で喜んで奉仕しておられます。

もう一人の証しをお話ししましょう。

この婦人は由緒ある家に育ち、福島の旧家にお嫁に来ました。その家も由緒ある事業家の家で、寺の檀家総代でもありました。田舎なので家族は二十人。その中で一人だけクリスチャンになったものですから、大変な反対がありました。姑に呼ばれて、「あなたは檀家総代の長男の嫁だ。もしキリスト教信仰を続けるなら離縁するから出て行け」と夜中の十二時まで説得されたそうです。そしてそれから半年間は、家族から口をきいてもらえなかったそうです。

食事も別でした。もちろん教会へは行けません。祈りもできなかったそうです。トイレに入って聖書を読んでいると、偵察に来るのだそうです。そんな監視つきの生活にもかかわらず、彼女は逃げませんでした。むしろ睡眠時間を三時間に削って、ゴミ一つ落とさないような完璧な家事をしたそうです。その結果、お姑さんの心が溶けたのです。「おまえが喜ぶのは、着物を買うことじゃなく、教会に行くことだろう。教会に行ってもいいよ」と言ってくれたそうです。

やがてこの家もキリスト教の家になりました。インテリだったご主人もクリスチャンになり、召される数時間前に奥さんの手を握りながら「僕はイエス様を信じてるから心配するな。ありがとう」と言ったそうです。田舎の、こんな硬い岩地でも神様が壁を乗り越えさせてくださるのです。

私の母は、十九歳で写真結婚した人でした。やはり大姑と姑がいてなかなか難しく、母はよく泣いていました。私が子どもの頃は、「お母さんをいじめるな」と言っていた記憶があるくらいですから。けれどものちに母は信仰を持ちました。そしてヘルニアを患いながらも曾祖母、祖母の看病を真心こめてしたのです。その姿を見て家族は一人、また一人とクリスチャンになっていきました。

私の住む福島県に、かつて日本各地で伝道者として用いられた器がいます。霊感あふれる素晴らしい説教をする方です。その先生は以前、すべての働きをやめて奥様のお世話をされていたことがありました。奥様が認知症になられたからです。もう自分が誰かもご主人が誰かもわからなくなったそうです。それでその先生は、奥様につきっきりでお世話を始めたのです。

あるとき先生は私にこう言われました。「佐藤君。人間はなあ、自分が誰かわからなくなっても、また目の前の夫がわからなくなっても、それでも一つだけわかる。愛だけはわかるのだよ」と。確かに世界中に多くの人がいたとしても、本当に親身になって奥様の世話をできるのは夫である先生をおいてはいないでしょう。先生のことはわからなくても、その愛だけはわかるのです。私は感銘を受けました。

素晴らしい愛の説教を説くのもいいでしょう。けれども、奥様にありったけの愛情を黙って注がれる姿は、それを見ている者の胸を打ち、目に焼きつくものです。

私の友人が神奈川県で開拓伝道をしています。私が神学校に行ったときに私をサポートしてくれて、次に彼が神学校に行ったときには私がサポートした、そういう間柄でした。

彼が神学校を卒業したとき、下の子どもが病気になりました。白血病でした。それから子どもの闘病、開拓伝道、アルバイトと困難な状況が続きました。しかも子どもには一週間に限られた時間しか会えなかったそうです。彼はせめて子どもが六歳の誕生日を迎えるまでは生きながらえることができるようにと祈りました。そしてその祈りは聞かれて六歳の誕生日を二時間過ぎてその子は天に召されました。

その子のお葬式に行ったとき、私は感動しました。お父さんがお葬式の参会者に決心を促すように言ったのです。「私は子どもに永遠《とわ》という名前をつけましたが、これはだてにつけたのではありません。本当に天国で永遠の家族になると信じてつけたのです。皆さんもイエス・キリストを信じて天国に行きませんか」と。

また、まだ小学生だったその子のお姉ちゃんにも感動しました。彼女は、そのふさふさした長い髪の毛をばっさり切っていたのです。妹が幼稚園にも行けず病と闘っている（永遠ちゃんは薬のために髪の毛が抜け落ちていた）のを見ていたからでしょうか、まるで妹一人に闘わせはしないと言わんばかりでした。子ども同士のこととはいえ、兄弟の絆の深さに打たれるものがありました。

それぞれが置かれたその場所で小さなハードルを越えるとき、不思議な感動が他の人々にも広がるのです。

壁を越える祈りの方法

では、私たちがおのおののハードルを越えるために、その備えとして具体的に何をしたらいいでしょうか。ここではまず、目標を決めて聖書に親しみ、祈ることをあげたいと思います。

私は、恥ずかしい話ですが、牧師になってからも聖書をあまり読んでいませんでした。

それなのに他の人には、「聖書を読みなさい」と言っていたのです。

それで、三十歳になって悔い改め、五十五歳までに百回読んでみようと目標を立ててみました。あとは逆算すると、一日どのくらい読めばいいかわかります。実際はノルマの分だけ読めない日もかなりありますが、それでも何とか一年に四回の通読を目標にしています。教会の信徒の中にも同じようなペースで読んでいる人がいます。

もちろん、量そのものが重要なのではありません。今まで一日一章だった人は、今年は二章に挑戦してみるといいでしょう、あるいは注解書を使って深く読んでみようというのでもいいでしょう。とにかく目標を立てるのです。そして具体的に一歩、踏み出すのです。

祈りについては、私たちの教会では三つのリストを使っています。

一つは、祈りのバインダーです。この中に一人一人の個人的な祈りの課題が入っています。これは五十人くらいが持っています。

次に、三か月に一回、教会員全員の名前が三十一日に割り振られているリストが配られます。ここには、その前の三か月に来た新しい人の名前も書いてあります。また、裏のページには長期にわたる公の祈りの課題が書いてあります。

三つ目のリストには、月ごとの祈禱課題が書いてあります。これは、「今月は特にこのために祈りましょう」ということで手渡されます。

とにかく、祈るにしてもみことばを読むにしても、目標を決め、励みになるような工夫をして実行することです。

ある婦人の話です。

彼女は最初、キリスト教が嫌いでした。娘さんが教会に行くようになって洗礼を受けたいと言ったときも反対しました。けれどもその後変えられて、今度は彼女が洗礼を受けたいと願うようになりました。そこで、まず聖書を学ぼうということになり、洗礼準備のための勉強を私と始めました。当初は聖書は難しすぎると感じていたようです。

けれども洗礼を受けて一年たち、二年たって驚きました。彼女は他の誰よりも聖書を暗記する人になったのです。それも一節や二節ではありません。何章も丸ごと暗記してしまうのです。さらに、毎週新しい箇所を加えています。最近では礼拝の交読文を暗記してきます。家庭的には恵まれているとは言えませんが、その分みことばにすがり、聖書に向かうのも真剣です。

流し読みと違い、彼女のような読み方をすると、受ける感動も違うそうです。たとえば、「恐れるな」と何回も口ずさんでいるうちに、直接キリストが語っておられるかのような感動を受けるのだそうです。

彼女のその感動が奉仕となって現れてきました。田舎の教会ですから結構土地がありま す。しかも複数のチャペルがあります。彼女はそれらの会堂の草むしりをよくしておられます。どしゃぶりの日もかっぱを着て欠かさずに続けておられます。誰からもお願いされたわけではありません。ただ、日々みことばに促されるようにして謙遜に草むしりをしておられるのです。このような、みことばに養われた奉仕の姿を見て、他の教会員も大いに励ましを受けています。

私たちも、具体的に「この奉仕を神様にささげる」と決めて実行したいものです。そして目立ってても目立たなくてもそれをしつづけたいものです。

働き人の背後には祈りの人が

目の前の壁を一歩乗り越えることは個人を変え、また時に神の国の歴史の中で、非常に重要な役割を担うことになるのだということをもう少し述べたいと思います。

母ハンナの祈りの中で生まれたサムエルは、幼い頃から神様の声を聞いた人でした。あるとき、「サムエル、サムエル」との呼びかけを三度も聞きました。彼は最初、祭司エリに呼ばれたのかと勘違いしましたが、主の呼びかけであると教えられ、「お話しください。しもべは聞いております」とその声に耳を傾けました。まさに、神様と直通です。

やがて彼は大人になって預言者学校を作ります。そして、神様に仕える人をそこで育てました。それればかりではなく、サウルを王に立て、ダビデを立て、イエス・キリストの来臨につながるレールを敷きました。そして自分自身は歴史の舞台からひっそりと姿を消していきました。

母ハンナは、まさかわが子が神の国の歴史の中でこれほどまでに重要な役割を担うとは思ってもみなかったことでしょう。ただ、女性同士の確執の中でつらい涙を流して祈っただけでした。ところがそれが、神様の救いのご計画の中で信じられないような大きな役割をはたしたのです。これは不思議です。

この間私は、ある宣教団体のアメリカ人の総裁に会いました。彼は、日本で宣教師として三十年以上奉仕をしていますが、アメリカには彼のために祈っていてくれる姉妹がいるそうです。実は、本当は彼女自身が宣教師になって日本に来たかったそうなのですが、それができず、代わりに兄弟を遣わして、彼女自身は彼のために祈っているのだそうです。用いられる人の背後には祈り手があるのです。

羽鳥明《はとりあきら》先生は、アメリカの神学校に留学していたとき、造園業のアルバイトをして結構よい収入を得ていたそうです。やがて、勉強が主かアルバイトが主かわからなくなってきた頃、恩師のバーネット先生が亡くなったという知らせが届きました。そのとき、羽鳥先生は目が覚めたそうです。バーネット先生は羽鳥先生の背後にあって祈りによって支えていた人だったのです。その後あのように用いられた先生の働きの背後には、バーネット先生の祈りがあったのです。

ところで私は、その明先生のご兄弟にあたる羽鳥純二《はとりじゅんじ》先生にお世話になりました。純二先生は、終戦後共産党員になりました。ところがその純二先生のために、今度は明先生がずっと祈っておられたのです。

私はあるとき、純二先生から保健所で起こったこんな話を聞きました。ある人が保健所に、いなくなった犬を捜しにやってきたそうです。そしてその人が「ジョン、ジョン」と犬の名前を呼んだところ、まったく別の犬が出てきたというのです。けれどもとにかくその犬は救い出されて、このあと新しい飼い主のもとで生きつづけることになったというのです。

のちにその光景を思い浮かべたとき、純二先生は自らの姿をその犬の上に重ね合わせたそうです。滅んでしまうしかなかった駄犬のような自分。そんな自分をも神様は名指しで、「帰っておいで」と呼びかけて救い出してくださった。共産主義に没頭し、滅びゆく自分を呼びつづけてくれた主のご愛に改めて感謝したというのです。そしてそんな出来事の背景には、やはりお兄さんの長い間の熱い祈りがありました。働き人の背後には祈り手がいます。私たちの祈りは用いられます。否、歴史をも動かします。

神は収穫を期待しておられる

「すなわち、神は私たちを世界の基の置かれる前から彼にあって選び、御前で聖く、傷のない者にしようとされました」（エペソ1・4）

私たちは、「宣教師に導かれてクリスチャンになりました」とか、「人生に悩んでクリスチャンになりました」と考えていますが、そうではありません。世界の基の置かれる前から神様によって選ばれていたからクリスチャンになったのです。ただ私たちの小さな目ではそれが見えないだけです。このことを考えると、私たちに対する神様の期待の大きさがわかります。

昔、イスラエルに行ったときにユダヤ人のクリスチャンに教えられたことがあります。

「イエス様が、『わたしはまことのぶどうの木であり、あなたがたは枝です』と言われたでしょう。その意味を教えてあげます。イザヤ書5章に書いてあるけれども、この国でぶどう園を作るのは大変なんです。

テラ・ロッサ（石灰岩が風化してできた赤褐色の土壌）という土の所の石を時間をかけて全部掘り起こし、その石で石垣の段々畑を作ります。次に見張り櫓《やぐら》を立てます。そうして初めてぶどうの木を植えるのです。そこまでがまず一苦労です。

しかも、一年の半分以上雨が一滴も降りませんから、夜露がしみこむように、また昼はそれが蒸発しないように、根元に石ころを置きます。こうしたこまやかな手をかけて収穫を期待するのです。

あなたがたは、自分で教会に行ってクリスチャンになったと簡単に考えてはいませんか。あなた一人を救うために神様は何千年耕して準備してこられたと思っていますか。アブラハム、イサク、ヤコブ、ダビデの昔からずっと、耕して耕して労苦してこられたのです。このようにしてまずぶどう園を作って初めてまことのぶどうの木であるイエス・キリストを植えられたのです。そしてあなたがたにこの福音が接き木されたのです。

こう考えるなら、あなたがたに期待されている収穫がどれほどのものかわかりますか。

キリストが、『あなたがたが実を結び、その実が残るためです』と言われた意味がわかりますか」

彼はこのように言いました。

イスラエルのぶどうの木には、ちゃんと枝を持ち上げた人手をかけたものと、地べたを這《は》わせている手のかかっていないものとがあるそうです。後者だと手数はかからない代わりに、収穫も三分の一だそうです。ですから、人々はさらに手をかけて持ち上げ式に変えるそうです。そこまでするからには、当然三分の一の収穫で満足するはずがありません。手をかけただけの収穫を期待します。

神様は私たち一人一人に同じように期待しておられるのです。私たち一人一人を救うために、神様はこれまでどれだけ手をかけたか想像がつきません。あなたは自分の人生の畑はこの程度で十分と考えているかもしれませんが、神様の考えは違うのです。

韓国には多くの殉教者が出ました。ある牧師は死の直前に、「私が死んでからも韓国にリバイバルが起こるように祈っている」と言ったそうです。そのような一粒の麦が地に落ちて死に、今の韓国のリバイバルがあると私は思います。

また、第一章で紹介したように、一人の小学生が赤痢で死にました。その子が一粒の麦となってお姉さんが救われ、そのお姉さんが亡くなったあとに私たちの教会の新しい会堂が建ちました。地に落ちて死んだ麦は必ず実を結ぶのです。

ステパノは石打ちの刑で死ぬとき、キリストのように、「主よ。この罪を彼らに負わせないでください」(使徒7・60)と祈りながら死にました。その後何が起こったでしょうか。ステパノの殉教によって散らされた人々が各地で伝道し、異邦人伝道が展開されたのです。私たち自身では想像できないことですが、神様はこのように、私たちを用いて大きなみわざをなしてくださるのです。

私は時々、子どもを連れておもちゃ売り場に行きます。あるとき、子どもと一緒に鉄道模型のセットの所へ行って電車が動くのを見ていました。子どもは背が低いので目線がセットの台と同じくらいですから、電車がいつ通るかわかりません。ハラハラドキドキなのです。

一方私はというと、全体が見渡せますから、電車が今どこを走っているのかわかります。そこで「今、電車は反対側だよ。駅で止まってて、もうすぐ踏切だ。あ、トンネルに入った……今、野原だよ。あと十秒だからね。九、八、七、六……三、二、一」と言っていると、本当に電車が音を立てて子どもの目の前に姿を現しました。

子どもにとっては、このときの親はまるで神様のようです。もちろん目線が高いのですから当然なのです。子どもには突然電車がやってくるように見えますが、大人には全体が見えますから、いつ電車が来るのかわかります。神の国の模様もそのようなものです。私たちは目先しか見えません。ですから、私たちが模様のどの部分にあたるのか、模様全体はどのようなものなのかわかりません。しかし神様は、二千年、三千年、四千年にわたる救いの歴史をずっと見ておられるのです。そしてそのご計画の中で私たちを用いておられるのです。

エステルは、ペルシヤで素晴らしい証しをしました。ペルシヤの王様の妃となり、同胞ユダヤ人の救いのために用いられました。でも、彼女自身は大それたことを考えていたわけではありません。ただ同胞を救えるのは、今、ここにいる自分がこの一歩を踏み出すかどうかにかかっていると思い、実行しただけです。それが歴史の中で大きな役割となりました。今でもユダヤ人はプリムの祭りとして、遠い昔ペルシヤの地でなされた神様の救いのみわざを記念しています。

ルツも同じです。単純に言うなら、彼女はただ姑ナオミに誠実に仕えただけでした。モアブ人でしたが、故郷を捨ててイスラエルに行き、白い目に耐えながらも異国の地で仕えました。そしてやがて結婚して子を産みました。それだけです。ところが、後にその子孫からダビデ王が生まれ、旧約聖書にルツ記となって彼女の話が収められ、新約聖書の一ページにその名が記されました。モアブ人であるルツがキリストの先祖になったのです。

自分の人生が聖書に収められ、自分が救い主の先祖になるなどと、本人は考えたこともなかったでしょう。

同じように私たちの人生も主のご計画の中に組み込まれているのです。その役割がどのようなものかは天の御国に着くまで完璧にはわかりませんが、それでもいいのです。ただ、今は自らの前にある越えなければならないハードルに挑戦し、祈りによって乗り越えるのです。その祈りが個人の歴史を変え、また時に世界の歴史を変えていくのです。

祈りはスケジュールを変える（マルコ1・21〜39）

ある人が、「どこの神学校に行くのが一番いいでしょうか」と聞きました。すると別の人がこう答えました。「どこであれイエス様の前にひざまずくことを学べる所が一番いい神学校です」と。確かに祈ることを知らないで神学校に入学し、しかもそのまま卒業したとしたら、大変なことになります。どこの神学校でも、ひざまずいて祈ることを学べるならそこがその人にとって最高の神学校と言えるでしょう。

イエス・キリストの力の秘訣

先日、あるクリスチャンの医師が証しのために教会に来られました。この方の病院ではホスピスをしているのでマスコミに取り上げられることが多く、いろいろな人が見学に来るそうです。ところが見学者の中には、肝心の中身よりも設備や建物ばかりを見る人がいるそうです。そんなとき先生は、「あなたがたは、何を見に来たのですか。建物や設備ですか。目のつけどころが違うのではありませんか」と話されるそうです。

私たちも福音書のイエス様を見て、「素晴らしい説教、素晴らしい奇蹟だ」と表面だけを見ていることはないでしょうか。

南極や北極には大きな氷山が浮かんでいます。それらの氷山は、水上に見えている部分はほんのわずかで、その何倍もの氷が水面下に隠されています。それと同じように、目を見張るようなイエス様の数々のみわざや教えは、氷山の水の上の部分のようなものです。水面下にはそれを支えている巨大な祈りの生活があることを忘れてはなりません。

私はあるとき、道を歩いていて大きな木が倒れているのにぶつかりました。しかしその木は倒れてはいるものの、ちゃんと生きているのです。私はそれを見て、「すごいな」と思いました。台風か大風で倒れたのでしょうが、倒れてしまってもそこから枝が大空に向かって再び伸びはじめているのです。

イエス・キリストの歩みは困難そのものでした。敵対する者、離れて行く者が多くいました。最後には弟子たちさえ逃げて行ってしまいました。けれども、そんな中に置かれてもイエス様が神様のみこころを全うすることができたのは、倒れても、根が無事であるかぎり土から養分を吸って枝が天に向かって伸びるように、祈りによってその都度新たなる力やいのちを天よりいただいていたからにほかなりません。

マルコの福音書は、四つの福音書の中で一番短い福音書です。全部で十六章しかありません。一つ一つの物語も他の福音書に比べて大変短いのが特徴です。まるで中心的なこと以外は全部はぶいて、キリストのバプテスマから十字架・復活まで一直線に駆け抜けて行くようです。

実際、マルコの福音書によく出てくる言葉は、「そして、すぐ」という意味の「カイ・ユウスス」というギリシャ語です。イエス様がここで説教したかと思ったら、「そして、すぐ」別の所で奇蹟をし、また別の所で教える……と、このような感じで、まるで飛び石を踏むかのように場面が次々と、目まぐるしく転換していくのです。

ところがこのようなマルコの福音書においても、イエス様の祈りの場面は省略できませんでした。ここで説教をした、ここで病人に手を置いていやされた、ここでこのような愛のわざを行われた……しかしそのようなわざの合間合間にイエス様が確かに祈っておられたということはそのわざに勝るとも劣らず大切なことなのです。なぜなら祈りこそイエス様の驚くべき生涯の秘訣だからです。

私たちは、カトリックの修道者のように、人里離れた修道院で生活しているわけではありません。現実生活のさまざまなプレッシャーの中で日々問いながら生きています。そのような問いの真っただ中で祈るのです。必ずしもいつも静かに時間をかけて祈れるわけではないでしょう。私たちは次から次へと生活の波が慌ただしく押し寄せるそのただ中で祈るのです。

イエス様は私たち以上のものすごいスケジュールの中で、またプレッシャーの中で、ここで祈り、またあそこで祈るというような生活をしておられました。そしてその祈りの中で、今日は何を第一にすべきか、どこに第一に行くべきかということを（天に向けて祈りのアンテナを張ることにより）導かれていたのです。それは単に、スケジュールを祈りの中で調節していたということではありません。第一のものを第一にするために、それを妨げるものと実に祈りの中で戦い、第一のものを常に勝ち取っておられたという意味なのです。

イエス様の公生涯は三年半しかありませんでした。公生涯以前の三十年間は埋もれた人生でした。神の御子だからといっていきなり成人として受肉したのではなく、大工の子として地上に生を受け、転んではけがをし、人間関係で傷つけられたり心が痛んだりと、人としての痛みを充分味わって成長されたはずです。このような長い準備ののちの三年半でした。しかもたった三年半で全人類の救いのみわざを完成させるわけですから、秒読みのようなスケジュールの中で大変なプレッシャーがあったはずです。もちろんやり直しはできません。来年でもいい、明日でもいいというような悠長な歩みではなかったのです。この点で私たちの人生感覚とは緊張感がだいぶ違います。

このような超多忙な日々の中で、「今日私がしなければならないことは何か」ということを、イエス様は祈りの中において完璧に把握しておられたのです。

祈りの種類

ちなみに、祈り方には三種類があります。まず一つは、絶えず祈る祈りです。もう一つは、定期的に祈る祈りです。朝昼晩と食事の時間が一定でないと生活のリズムが崩れて体調を壊すように、霊的な健康も一定にきちんとした祈りの時間を取ることが大切です。

三つ目の祈りは、深く魂を注ぎ出して祈る特別な祈りです。あまりに課題が大きいゆえに、かつてしたことがないような熱い祈りをささげるということが人生にはあります。その結果霊的に一段と飛躍するということもあるのです。

神学生のとき、私もそんな祈りを体験しました。今でも「私の人生、どこで変わったのかな」と振り返るとき、魂を注ぎ出して祈ったそのときが大きな節目だったことがわかるのです。それは、前後左右から圧迫され、このままではどうにもならないという逼迫した状況に追い込まれたときでした。そんな中での祈りは、私の信仰生活を一新し、神様をそれまで以上に深く知るきっかけとなりました。

これら三種類の祈りの中でどれが一番大事かという優劣はありません。皆大切な祈りです。とにかく、生活の中にくさびを打ち込むように祈るのです。歩きながら、話しながら、涙を流しながら、皿を洗いながらでも絶えず祈ることが大事です。また、「これは神様と私の個人的な約束の時間」と決めて定期的に祈る祈りも欠かせません。そして、第三の、深く熱く自らが取り扱われつつ祈る特別な祈りの恵みも格別です。

「忙しい」という言葉は、「心を亡ぼす」と書きます。なぜ心を亡ぼすかというと、第一のものとそうでないものと順序が逆さまになるからです。目の前のことにすっかり心を奪われてしまい、より大切なことを忘れてしまうからなのです。反対に、そのような目先のことから目を離し、主のみこころを求めて真剣に祈りに心を注ぐなら、一番大切なものは何かが心のどこかで見えてきます。つまり祈りこそが、的はずれにならない人生を送る秘訣なのです。

イエス様の過密なスケジュール

では、第一にイエス様はどのように祈っておられたのでしょうか。それについてマルコの福音書1章から学びましょう。まず、イエス様の多忙な一日を追ってみたいと思います。「それから、一行はカペナウムに入った。そしてすぐに、イエスは安息日に会堂に入って教えられた」（21節）

時は安息日でした。1章の21節から28節まで会堂（シナゴグ）での出来事が記されています。当時は町々村々に会堂があって、そこで礼拝が行われていました。会堂には管理人はいましたが、今の教会の牧師のように、専任の教師はいません。説教者が巡回して来ては安息日ごとに説教をしていたのです。そしてそのような説教者は人々からもてなしを受ける慣習になっていました。イエス様が弟子たちに、「旅のためには、杖一本のほかは、何も持って行ってはいけません。パンも、袋も、胴巻きに金も持って行ってはいけません。くつは、はきなさい。しかし二枚の下着を着てはいけません」（6・8、9）と教えられたのも、このような背景があったからです。

さてイエス様も、そのような巡回説教者と同じように会堂を回られました。しかし、イエス様は他の説教者とは違いました。他の人は、「私はあのラビ（先生）の流れをくんでいる者です。その権威で話します」とか「あの先生の教えによれば」と言っていました。ところがそれに対し、イエス様はご自身の権威によって力強く語られていたのです。そのことが22節にこう述べられています。

「人々は、その教えに驚いた。それはイエスが、律法学者たちのようにではなく、権威ある者のように教えられたからである」

そして、そのイエス様の説教の直後にある事件が起こりました。汚れた霊につかれた人が突然叫びだしたのです。イエス様はすぐに、「黙れ。この人から出て行け」と言われ、人々の目の前でその霊を追い出されました。イエス様の一言がすぐに現実になるのを見た人々は、この方には本当の権威があるということがわかりました。

私は牧師として毎日曜日に説教をしていますが、説教を終えると本当に疲れます。午後は何もしないで家に帰り、ひとりでいたくなることもあります。それだけ大きなプレッシャーがあるのかもしれません。きっとこの日のイエス様も相当の疲れを覚えておられたのではないでしょうか。なにしろ説教プラス、悪霊との対決ですから。けれども、イエス様にはゆっくり休む時間もありませんでした。

「イエスは会堂を出るとすぐに、ヤコブとヨハネを連れて、シモンとアンデレの家に入られた。ところが、シモンのしゅうとめが熱病で床に着いていたので、人々はさっそく彼女のことをイエスに知らせた。イエスは、彼女に近寄り、その手を取って起こされた。すると熱がひき、彼女は彼らをもてなした」(29～31節)

確かにペテロ(シモン)にとって、イエス様を自分の家に迎えるのは大きな感動だったと思います。けれどもそれがどんなに素晴らしいことであっても、奥の部屋に姑が熱で苦しんでいることを思うと、喜びも半減したことでしょう。そこで人々は、彼女のことをイエス様に知らせました。この人々は、イエス様には病気を直す力があることを知っていたのでしょう。さっそくイエス様は人々の期待にこたえて彼女の病気をいやされました。すると、いやされた彼女は立ち上がってイエス様や弟子たちをもてなしはじめたのです。

まず、人々が病んでいたペテロの姑のことをイエス様に知らせました。イエス様が彼女をいやされると、次は彼女がイエス様と弟子たちをもてなしました。素晴らしい光景です。イエス様が来ていやしのわざをなさると、いやされた人は皆、他の人のために生きるようになるのです。皆が自分のことではなく他の人のことを考えています。人々はペテロの姑のこと、ペテロの姑はイエス様と弟子たちのこと、というように。キリストが真ん中におられることによる、素晴らしい人間関係がここに見えます。

「夕方になった。日が沈むと、人々は病人や悪霊につかれた者をみな、イエスのもとに連れて来た。こうして町中の者が戸口に集まって来た。イエスは、さまざまの病気にかかっている多くの人をいやし、また多くの悪霊を追い出された。そして悪霊どもがものを言うのをお許しにならなかった。彼らがイエスをよく知っていたからである」（32〜34節）

小さなカペナウムの町の話ですから、イエス様のうわさはたちまち広がりました。その結果たくさんの病人や悪霊につかれた人が連れて来られました。イエス様がこれらの人々をいやされるのに、いったいどのくらい時間がかかったのか書かれていませんが、夕方、日が沈んでから人々が来たということですから、おそらく相当夜遅くまでかかったのではないかと推察されます。イエス様は、どんなに忙しくても一人一人の必要に丹念に、しかも相手の立場に立ってこたえられるお方です。ですからおそらく、肉体的には極度の疲れを覚えられたにちがいありません。

ところが、そんなハードスケジュールにかかわらず、翌朝、イエス様はいつものように祈りの時間を持たれたのです。ここが大切です。弟子たちが起きてみると、もうイエス様はいませんでした。暗いうちに起き、祈りの場所に行かれたのです。

「さて、イエスは、朝早くまだ暗いうちに起きて、寂しい所へ出て行き、そこで祈っておられた」（35節）

わざわざ起きあがり、扉を開けて、祈りのための特別な場所にその身を移動させる——つまり、身を押し出して祈るということは、それなりの決意がなければできません。きっと私たちなら、「まだ昨日の疲れが残っているから、寝床の中で横になりながら祈ろう」と考える場面ではないでしょうか。ところがイエス様は違いました。

詩篇の5篇にこう記されています。

「主よ。朝明けに、私の声を聞いてください。朝明けに、私はあなたのために備えをし、見張りをいたします」（3節）

夜の祈りもいいですが、朝の祈りはまた格別です。一回のスケジュールが終わってからいろいろ反省して、悔い改めるのもいいでしょう。しかし、一日が始まる前に神様の導きと守りを求めて祈ることからスタートすることは、より大切です。これを、詩篇の作者ダビデは「見張り」と言いました。見張りとは、武具をつけて敵から味方を守る備えです。それと同じように、新しく始まる一日の何よりの備えは祈りです。祈りこそ、一日のスケジュールの最善の備えです。

祈りつつ歩むということと、信仰によって歩むということは同じことを意味します。ペテロはかつてガリラヤ湖上を信仰によって歩みました（マタイ14・29）。ペテロはイエス様を見つめ、信頼しながら歩んでいたときは沈みませんでした。しかしイエス様から目を離し、波風に目を移したときに心に恐れが生じ、沈みはじめたのです。祈らないということは、主イエス様を見ずに波風を見ることです。これでは不安が心を支配し、人生のさまざまな困難に直面したときに沈みはじめるのも無理からぬことと言えましょう。

ペテロは人間ですから、本来、湖の上など歩けません。その歩けないはずの彼がなぜ歩けたかというと、それはただひたすらにイエス様を見つめ、信仰によって歩んだからだったはずです。ですから、その信仰が崩れた途端に彼は沈んだのです。

祈りとは、自分の顔を神様に向けることです。私たちの顔をとにかく天に向けるのです。目線を下に向け、人や自分自身、波風などの状況に目を奪われてしまうなら沈むでしょう。「なんて自分は情けないんだ」「難しい人や状況に囲まれている」などと沈滞してくるのです。健康の不安、未来への不安が生まれてきます。そうしたものばかりを見ていたら、誰でも沈んでしまうでしょう。けれども、私たちはそれらのものから目を離し、日々に祈りのうちに心の目を天に転じるのです。

祈りによってスケジュールが変わる

そうすると、どうなるのでしょうか。まず日々のスケジュールに対しての考え方が変わります。

マルコの福音書から離れますが、ルカの福音書10章を見てみましょう。そこにはイエス様を家に迎えたマルタとマリヤの姉妹のことが記されています。

「彼女（マルタ）にマリヤという妹がいたが、主の足もとにすわって、みことばに聞き入っていた。ところが、マルタは、いろいろともてなしのために気が落ち着かず、みもとに来て言った。『主よ。妹が私だけにおもてなしをさせているのを、何ともお思いにならないのでしょうか。私の手伝いをするように、妹におっしゃってください』」（39、40節）

マルタは働き者でした。料理を作るのも好きでしたし、また実際に上手だったのでしょう。でも、だんだんイライラしてきました。時間を逆算してみると、もてなしの準備が間に合わなくなるとわかったのでしょう。そのため、自分だけに働かせて手伝わない妹が憎らしくなってきたのです。そんな妹を許しているイエス様にも腹が立ちました。そこで「妹が私だけにおもてなしをさせているのを、何ともお思いにならないのでしょうか。私の手伝いをするように、妹におっしゃってください」(40節)と、なんとイエス様に対して非難めいた言葉をはいたのです。

イエス様をもてなそうと思っていたのに、反対にイエス様に当たり散らすというのでは、本末転倒もいいところです。マルタは、本来はイエス様に喜んでいただこうと思ってスケジュールを立てたはずですが、反対にスケジュールをこなすことに懸命になり、スケジュールに足を取られ、翻弄されてしまいました。スケジュールをコントロールするのではなく、反対にスケジュールにコントロールされてしまったのです。そんなマルタをイエス様はこう諭されました。

「マルタ、マルタ。あなたは、いろいろなことを心配して、気を使っています。しかし、どうしても必要なことはわずかです。いや、一つだけです。マリヤはその良いほうを選んだのです。彼女からそれを取り上げてはいけません」(41、42節)

マリヤは何をしていたのでしょうか。ただ、ひざまずいてイエス様のお話を聞いていました。しかし、それこそがイエス様が最も求めておられたもてなしの姿勢でした。

この場面で問題なのは、何が一番大切かということです。私たちは、優先順位をきちんとわきまえましょう。そうでないと、マルタのように本末転倒してわれを見失い、足をすくわれてしまうのです。そしてその結果、不平や不満が募って周りに当たり散らし、ついには神様にさえ文句を言うようになってしまうかもしれないのです。

祈る人は時を逸しない

私の教会の姉妹が、あるとき入院して手術をすることになりました。ちょうどその病院には同じ教会のクリスチャン医師がいました。彼は担当医ではありませんでしたが、その婦人が手術室に入る直前の最も不安なときに、入り口にじっと立って見守ってくれていたそうです。その姉妹にとっては初めての手術であり、また手術室に入るときは自分一人ですから、どれほど不安だったことでしょう。けれどもそのときそこにクリスチャンの医師がじっとたたずみ、包み込むようなまなざしで祈り心をもって見守っていてくれたので、非常に力づけられたそうです。

祈りのうちに覚えている人に対しては「そのとき」を逸しません。同じことをしても、手術が終わったあとではもう遅いでしょう。今、彼女に最も心の支えが必要だという「そのとき」にそこに立って励ますことができたのは、祈りの中で彼女のことを覚えていたからにほかなりません。確かに祈っていると、そのような行動が自然にとれると言えましょう。

その先生は、自分が主治医になった患者さんには、家の電話番号まで教えるそうです。公私の別がありません。具合が悪くなった患者さんから夜遅くに相談の電話が来るそうです。睡眠不足になることもあるでしょう。けれどもクリスチャンの医師であることを鮮明にし、祈りながら治療をしているその姿に、多くの患者さんが信頼を寄せています。

私たちの教会には小さな教会学校がたくさんあります。田舎でも教会学校は大変です。ある所では公園伝道を試みましたが、「ここはキリスト教会の公園じゃない」と人から物を投げられもしました。怒鳴り込んで来る人もいます。そういう中で教会学校をやり通すには、相当の祈りを必要とします。そのような戦いの中では、祈りをもって忍耐して乗り越えていくほかないからです。ですから、その場所で教会学校の責任を持っている兄弟は、よく祈る祈りの人です。困難に直面しては立ち止まり、祈ってそのときにふさわしい解決を与えられて再び立ち上がるというように、一つ一つ乗り越えてきました。その結果今では、以前反対していた子どもたちのおばあさんたちが、お菓子などを教会学校に持って来るまでに変化したそうです。人間的な知恵を絞ったということではありません。ただひたすらよく祈って、時にかなった天来の知恵をいただいては再びチャレンジして現在の祝福をいただいたということです。

前にも書きましたが、私たちの教会の大きな励ましであるご年輩の姉妹は、ご主人を導くのに二十八年の歳月がかかりました。最初は小さなことでも「クリスチャンのくせに」と後ろ指をさされたそうです。ドアを閉めるのもバシッと音をたてて閉めようものなら、「クリスチャンがそんな閉め方していいのか」と言われたそうです。ドアの閉め方にクリスチャンらしさも何もあったものではないと思うのですが……。しかし、そうしたことの一つ一つを乗り越えてきました。

晩年にご主人が仕事から退き、寂しさを覚えたときには、なるべく寄り添うようにして慰め励ましたそうです。クリスチャンの妻としての分をはたし、証しを立てることに心を用いたのです。やがて家庭で集会が開けるようになりました。その家庭集会にご主人が出席するまでにはまた数年かかりました。けれどもやがてそのご主人は信仰を持たれました。そして病の床ではっきりと信仰を告白し、最後は安らかに勝利のうちに天に凱旋されていったのです。

その姉妹は、自分の住んでいる町に教会を建てたいとずっと願ってきました。そのためにちゃんと自分の土地まで用意したのです。ところが、そこは警察の派出所を建てるために提供せざるをえなくなってしまいました。そんなある日、その姉妹は癌になりました。「もはや自分はいつ召されるかもわからない。このままでは志なかばで建てられないまま終わってしまうかもしれない」と考えた姉妹は、矢も楯もたまらなくなって、前の所とは別の大切な土地を三百坪、あと先を考えずにただ信仰によって教会にささげたのです。税金が相当額かかりましたがその支払いも自分でしました。

かつてのベタニヤ村のマリヤのようなささげ物です。マリヤは三百デナリの香油（今なら三百万円くらいするでしょうか）をささげました。しかもそんな高価な物をささげたのに、他の誰にも自慢げに話したようすはありません。ただ、あまりに高価な香油なのでその香りに皆が驚き、気がついたのです。まさに打算を越えた真実の愛です。

彼女にしてみれば、人に見られなくても、またイスカリオテのユダのような人に「おろかな使い方だ」と批判されようとも、人の目にどう評価されるかは第一義的なことではありませんでした。大切なことは、「一番大切なものをイエス様にお返ししたい」という純粋な願いだけだったのです。一度死んだはずの兄弟ラザロがよみがえらされて今生きている、その事実を考えただけでも、三百デナリだろうがあるいは全財産であろうが少しも惜しくなかったのです。

教会のあの姉妹もこのマリヤも、今ささげるべきだと祈りによって導かれたまさにそのときにささげました。仮にマリヤが少しでも、どうしようかなどと迷ったらどうでしょうか。数日先に延ばしたらもう大変です。イエス様は十字架につけられ、二度とささげられなくなってしまうのです。祈りのうちに導かれているなら、時を逸せずみこころのときに、行動に移れるのです。

あの姉妹の場合も癌になってから即座にささげました。これまでの主の恵みを思い起こしつつ、主との関係で即座に決めたのです。自分が信仰を持ったことや子どもたちや主人の救いなど、これまでの人生を考えたら、あふれるばかりの恵みに圧倒されてしまったのです。ならば自分はどうやってその恵みに感謝を表したらいいか、そう思って彼女もまた黙ってささげました。そして私たち教会員は、その信仰を見て感動したのです。

そのとき私たちの教会ではちょうど第二会堂を作っていました。翌年献堂式だったのです。ところが彼女が突如土地をささげたことに動かされて、私たちの教会は同時に二つのチャペルを建て上げる恵みに導かれました。確かに同時に二つの会堂献金は大変です。けれども彼女の主に対する熱い思いが私たちの心を動かしました。「私たちも神様に真心こめてささげよう」と、心燃やされたのです。

その工事が始まる直前、彼女は入院しました。そして、献堂式の直前に退院してきたのです。その姉妹がそこに――献堂式の会場に――いるというだけで私たちは感動を覚えました。彼女の長い間の祈りに、神様はこういう形でこたえてくださったのか、と。この田舎でも、神様は確かに生きて働いておられるという揺るぎない確信と感動とが私たちの心を捕らえました。

誰でも、神様に心を注ぎ出して祈るなら、必ずみわざは現れるのです。どんなに硬く見える岩でも溶けます。大切なことは、心を注ぎ出して祈り、示された「そのとき」に、思いきって立ち上がり従ってみることです。

祈りの支えによって生かされる

私の子どもは六年前に病気になりました。当時は、私の生活のスケジュールが大変で、一週間、休みなく働く生活を送っていました。数多くの家庭集会でメッセージをするのに忙しかったのです。

クリスマスの多忙な時期が過ぎた頃、一歳半だった次女の唇が急に腫れ上がったのです。目は真っ赤に充血して、手は手袋のようにふくれあがってきました。熱も四十度から下がらないのです。だんだんものも言わなくなりました。目がトロンとし、水も飲みません。田舎なので、すぐ近くに特殊な病気を診る病院がありません。そこで車で一時間ほど行った所の比較的大きな病院で診てもらいました。その結果川崎病だと言われました。川崎病が何かも知らなかった私ですが、百人に一人の死亡率の病気（当時）と知って驚きました（今は死亡率も低下し、それほどではない）。私がすぐに教会員の医師に電話したところ、こちらの病院に来てはということで、救急車で転院することになりました。そのとき、妻はおなかが大きかったのですが、その子と寄り添って泊まることになりました。私のほうは長女を連れて、夜中の一時頃家に帰って来ました。

翌日は一月一日で、元旦礼拝のメッセージがありました。私たちの教会は、その年から新しい一歩を踏み出すことになっていました。輝かしい旅立ちの礼拝です。メッセージの箇所はイザヤ書43章を予定していました。

「見よ。わたしは新しい事をする。今、もうそれが起ころうとしている」（19節）

そこで、いつものように説教の準備を始めようとしたのですが、子どもがベッドでうなっている姿が思い浮かび、また妻の心配そうな表情が思い浮かんで準備がままなりません。それでも年は明け、説教の時間はやってきました。意を決して講壇に立ってみた私でしたが、イザヤ書43章19節からの希望のメッセージは苦しいものでした。未来の希望を語るはずのメッセージの途中、突然涙が落ちてきて、それ以上説教ができなくなってしまったのです。私はわけがわからなくなってしまいました。そして、ふと気がつくと、信徒の方々が、私のために祈りだしてくれていたのです。十分くらいたったでしょうか。その信徒の方々の祈りの支えに励まされて、「今はどんなにつらくても、必ず神様はこの教会を祝福してくださる、この教会の未来は神様によって力強く届かれる」と語りつづけることができたのです。

このときほど、説教とはこんなにも重いものかと思ったことはありません。加えて、メッセージを支えるのは信徒の熱い祈りなのだと痛感しました。

私たちにはどうしても祈りが必要です。私たちは祈りなしには生きられません。普通、人間が生きるのには食事や睡眠が必要ですが、私たちの魂が生きていくのに本当に必要なのは祈りです。祈りは私たちの生活も変えるからです。

何を優先すべきかを知る

マルコの福音書に戻りましょう。

「シモンとその仲間は、イエスを追って来て、彼を見つけ、『みんながあなたを捜しております』と言った。イエスは彼らに言われた。『さあ、近くの別の村里へ行こう。そこにも福音を知らせよう。わたしは、そのために出て来たのだから』」（36～38節）

ペテロが追いかけて来て、皆があなたを捜しておりますと言いました。そのときのイエス様のこたえが印象的です。

ぬるま湯というのは、一回入るとなかなか出にくいものです。十分に体が温まりませんから風邪をひくかもしれませんが、なんとなく居心地はいいのです。私たちも、人々が自分をもてはやしてくれる場所は居心地がいいものです。楽かもしれません。弟子たちもきっと鼻高々だったにちがいありません。「イエス様、あなたは知らないかもしれませんが、ものすごい評判です。カペナウムでは有名人です」と言わんばかりにです。そして、そのような「先生」の弟子であることが彼らにはうれしかったことでしょう。

ところがイエス様は、そのような人の評判の中に身を置くことはなさいませんでした。すぐに次の村、また次の町へと行って福音を宣べ伝えようとされたのです。弟子たちは、どんなにかこの所にとどまるべきだと思ったことでしょう。しかし、イエス様にはもっと優先すべきことがあったのです。

今、仮にこのカペナウムの町にとどまって町中の人の病気を治したとしましょう。しかししばらくするとその中からまた新たに病気になる人が出てくるでしょう。あるいはどこかの子どもの病を治しても、すぐ別の子どもが生まれてきて病気にかかるでしょう。そうすると、イエス様は医者のようにずっとこの町にとどまっていなければならなくなります。しかしそれではイエス様がこの地上に来られた目的がはたせないことになります。

イエス様には三年という限られた時しかありませんでした。そのわずか三年の間に、語るべきことをすべて語り、示すべき神様の愛をあますところなく示し、最後には人々に捨てられて十字架にかかって救いのみわざを完成しなければならないのです。あまりにも多忙なスケジュールでした。しかしイエス様はそのスケジュールにのみ込まれて、われを見失うことなく、かといって弟子たちのように居心地のいい場所にとどまって周りの状況に流されることもなく、淡々として自ら定められた十字架の道を歩みつづけられました。

そしてその一切の秘訣は、この日々の祈りの中にあったのです。祈りによって自らの使命をその都度確認し、誤ることなく今日何をなすべきかを確認しつつ前進しておられたのです。実に祈りによってこそ、今何を優先すべきかわかります。一方弟子たちはというと、朝起きたらすぐに人々に囲まれて、祈るまもなく一日の生活が流されていきました。祈りなしでは状況に流されます。押し迫ったスケジュールや周りの状況に翻弄されて一日が過ぎ去るのです。流された一日は二日に、そして一週間、一か月、一年、二年にと積もりに積もります。けれども祈りのうちに静かに神様に向かう人は、第一のことを第一にしながら、天に向かうかのように一歩一歩を踏みしめる、不思議な歩みができるのです。

私の住んでいる地方ではよく強い風が吹きます。ある日もやはり非常な強風でした。そのときにふと空を見上げると、一羽の鳥が逆風をついて空を飛んでいるではありませんか。皆が風に流されていく中、この一羽の鳥だけは風に逆らって上に昇って行こうとしていたのです。といってもほとんど空中に止まっているかのように見えました。けれども、決して流されてはいないのです。

祈りがある世界はこれと似ています。この鳥のように、皆が流されている中でも流れに逆らって昇ることができるのです。祈りがある一日は、祈りのない一日と全く違います。これは体験的に誰でもが知りうる事実です。

祈りの中で流れに逆らう力を得る

福井県に住んでいるある方から、季節になって越前水仙《えちぜんすいせん》が宅配便で送られてきました。

開けて驚きました。非常に強烈な香りだったからです。何年か前、ＮＨＫのニュースで、越前水仙のことが報道されていました。それによるとその地方の水仙は他のどこの水仙よりも強い香りを放つのだそうです。それは日本海の潮風に吹きさらされる崖っぷちに咲く天然のものだからです。厳しい自然環境にさらされて普通の水仙の二倍、三倍の強烈な香りを放つのです。信仰生活も同じです。厳しいほどキリストの香りは強烈に放たれます。

私たちの教会のある信徒は、単身赴任で東京に行っていますが、毎週土曜日には帰って来ます。家は地方ですから、行き帰りは大変です。帰りは、高速バスで途中まで来て、それから先は各駅停車の電車に乗り換えます。私も一回それと同じ方法で帰って来ましたが、そのときは大変疲れました。

普通そういう状態でしたら、帰るのをやめるか日曜は礼拝しか出ないものです。けれどもその兄弟は毎週必ず戻って来ては、礼拝のみならずよく奉仕をされるのです。「単身赴任になったので教会生活も奉仕も、もうできません」とは言わず、状況の流れに逆らうかのようにして主に仕える姿は他の人々の励ましです。

逆に私たちの教会には、転勤の辞令が出るたびに断っている兄弟もいます。会社勤めで転勤を断るというのは、出世できないということでしょう。けれども彼は出世よりもここでの教会生活に価値を見いだしているのです。ですから転勤の内示があるたびに、私は電話を受けます。「この教会のそばに住んで、ここで家族とともに神様に仕えたいのです。よき理解が得られるように祈ってください」と。

教会の役員のほとんどは私より年上ですが、私より若い方が一人います。この方は結婚する前、奥さんに導かれて教会にやって来ました。現在の会堂の献堂式の日に初めて教会に来たのですが、その日は確か逃げるように帰って行ったと記憶しています。けれども、やがて彼女に導かれて聖書の勉強会を始めました。そしてほどなくイエス様を信じました。しかし、会社では卓球の選手だったので、日曜日には礼拝に来られなかったのです。

私はあるとき、こう話しました。「彼女はクリスチャンでなければ結婚しないと言っています。クリスチャンは日曜日に礼拝に来ます。あなたには卓球をとるか、礼拝出席を選んで彼女と結ばれるかが問われているのではありませんか」と。するとなんと彼はその次の日曜日から礼拝に来るようになりました。そしてほどなくして二人は結婚へと導かれたのです。

ところで、その彼があるとき私の所に来てこう言いました。「先生。私は、家を建てようと思うのですが、今すぐにではありません。『きついローンを組んだので会堂建築の献金はできません』とは言いたくないのです』。私は彼の信仰の成長に驚きました。聞くところによると、結婚してまもない頃は献金のことで夫婦でもめたこともあるそうです。信仰を持ってまもなくのことですから無理もありません。けれども今は、献金に支障を来さないようになるまでは家の建築を待つと言うまでになったのです。普通なら、献金よりも家を優先させるでしょう。しかし彼はそのような常識に逆らって、献金を優先させたのです。

これらの人々に共通しているのは、いずれも祈りの人だということです。神様は確かに私たちを、流れに流されないように祈りの中で育てていてくださいます。

もう一人の方の証しをしましょう。

その方との出会いは、その方のお父さんが聖書を買いに教会に来られたことから始まりました。後日私の家内が訪問したところ、その家には体の不自由な娘さんがおられました。ご両親は本当にその娘さんを愛しておられたのですが、年をとって腰が悪くなり、十分介助ができない状態になりました。そこでやむなく施設に預けざるをえなくなったのですが、近くには適当な所がありません。しかたなく車で一時間以上も離れた遠い施設に、親子離れ離れになって入所せざるをえなくなったのです。そしてたまたまその施設がキリスト教主義だったので、それでまず近くの教会に聖書を買い求めに来たというわけです。

その娘さんは体は不自由でしたが、聖書を読みはじめました。手も思うようには動きませんから、自分で聖書を開けることもできません。ですから、ご両親が開いてあげた箇所をいつまでも読んでおられるのです。のちに私が訪問するようになりましたが、驚いたことにいつも彼女が聖書を読んでいる場面に出くわしました。「今日もたまたま聖書を読んでいるところですね」と聞くと、ご両親は「たまたまではないんですよ。朝からずっと聖書を読んでいるのです」とおっしゃるではありませんか。頭が下がる思いでした。

それまでの四十年間、彼女はご両親と離れて生活したことはありません。けれども、これからは初めて会う人たちと同じ部屋での生活です。いったい誰に頼って生きたらいいのかということを考えたとき、彼女は、「そうだ、私には聖書に記されている天のお父様がおられるのだ」ということを発見したのです。言語障がいもありますから口では信仰を告白できないかもしれませんが、朝から晩まで聖書を読んでいるその姿こそ何よりの信仰告白ではないかと思います。

やがて彼女はバプテスマ式を迎えました。私たちの教会はバプテスト教会で、全身水につかる浸礼式です。彼女ひとりでは水に入れませんから、体の大きい教会員がおぶい紐で彼女をグルグル巻きにしておぶり、水に入りました。その姿を見た私は急に胸が熱くなり、涙がとめどなくあふれてきました。そしてそのまま式を続行できなくなってしまったのです。すると、彼女の声が聞こえてきました。よく聞くと、「先生、先生」との呼びかけでした。その声を聞いてわれに返った私は気を取り直し、式を最後まで行うことができました。それは本当に感動的なバプテスマ式でした。

その後、ご両親もバプテスマへと導かれました。それまでご両親はひたすらにその娘さんを愛してこられたのですが、彼女の熱心な信仰に触れ、車椅子を押しつつ共に教会に出席するうちに次第に信仰の世界に導かれていったのです。ご両親を直接的に信仰に導いたのは彼女が記した詩でした。記すといっても彼女自身は書けませんので、ご両親が耳で聞いて書き写すのです。その一つに次のようなものがあります。

「私はクリスチャンになってまだ一年
兄弟姉妹の助けを受けて教会に来ています
牧師先生のお話を聞き私の心の中には罪があることを知りました
私は罪を悔い改めてクリスチャンになりました
父と母はいつ主を信じてクリスチャンになってくれるでしょう

いつの日か親子三人手を携えて主の御国で暮らしたい」
その詩をお父さんがワープロに打ち込んでいるときに、神様が働かれたのだと思います。「大好きなお父さんとお母さんとともに、天の御国の家族になりたい」との切なる願いがご両親に通じたのです。やがてそのご夫妻はバプテスマへと導かれました。娘さんもご両親も、さまざまな逆境の中で、流れにさからうようにして信仰に立たれたのです。

流れに逆らって信仰を全うした人々

人生は、神様と出会うときに変えられるのです。そして祈りは、自分の願いがかなえられるというよりも、その中で自分自身が少しずつ神様のみこころに添うように変えられつつみわざが展開していくためのものです。自分の生活のスタイルもスケジュールも変えられて、一番大切なものを一番にする人生に、周りを巻き込みながら共に変えられていくのです。

成功する人生とは、偉くなることではありません。そうではなくて、神様が自分に備えてくださった道を、右にも左にもそれずに淡々と歩むことです。背伸びする必要はありません。また、自分は駄目だと言って引き返そうとしたり、歩むのをやめたりしてもいけません。みこころに淡々と従う人生、これが本当の人生です。

私たち日本人の中にも、熱い心で信仰を全うした人物が多くいます。その一人はキリシタン大名で有名な高山右近《たかやまうこん》です。彼はあるとき、秀吉に信仰を捨てるように迫られます。彼は天才的な武将だったようですが、当時の最高の国家権力者からの使いに対してこう答えたというのです。

「私は……ただ一つの事以外には太閤様のご命令には絶対背くものではないのです。その一つの事、信仰を捨てて、デウス（神）に背けとの仰せは、たとえ右近の全財産、生命にかけても従うことはできないのです」（片岡弥吉『日本キリシタン殉教史』時事通信社）

当時の侍は、家や土地、城を一番大事にしていたはずです。そのためには切腹までする時代でした。しかし彼はそんな時代の流れに逆らうかのように魂の救いは売らないと答え、それらのもの一切を捨て、その結果最後は遠く異国の地のマニラに追放されたのです。二度と日本の土は踏めない右近でしたが、恐らくはこの世のものを塵芥《ちりあくた》のように見なし、信仰の世界を選び取ったのちの心には一点の曇りもなかったにちがいありません。

あるとき、私はそのマニラで高山右近の銅像を見ました。当時のフィリピンには、日本でものすごい迫害の嵐が吹いているらしいとのニュースが伝わっていました。しかもその中で一人の日本人が妥協せずに信仰を全うし、なんと追放になってこのマニラにやって来るというニュースも、です。右近が来た当日、マニラの港では人々が行列を作って彼を大歓迎したそうです。

彼がそのとき、どんな心境だったかは知りませんが、恐らくは天の御国に凱旋する者のようだったのではないでしょうか。地上の地位財産を捨ててまで信仰を全うした彼は、天の御国に招かれていることの幸いを味わい知ったのです。のちに彼は疫病で亡くなりましたが、信仰を全うした人生に悔いはなかったにちがいありません。その姿に、流れに逆行してでも神様に従い、信仰を全うする者の真骨頂を見る思いがします。

当時のキリシタンの中には、彼のように国外追放された人がいたかと思うと、逆に自ら迫害の嵐が吹く日本に帰って来て殉教した人もいます。ペトロ岐部《きべ》という人は、当時九州有馬の神学校にいましたが、国外追放されました。その後、どういうルートを通って行ったのかは知りませんが、とにかくエルサレムまでの旅をしました。それからヨーロッパに渡り、神父の資格をとりました。その後の彼は外国で神父として安らかに生涯を過ごすことができたでしょう。しかし彼は日本に帰って来たのです。マニラで船を買い、日本に密入国しました。死にに行くようなものなのに何のために？　帰ったが最後、二度と生きて出て来られないことはわかりきっています。けれど彼は帰りました。そして日本各地に潜伏しながら隠れキリシタンたちを励ましつづけ、北上して東北の仙台まで来たときに捕らえられたのです。その後彼は汚物の上に長時間逆さにつるされる拷問を受け、最後は首を斬られて殉教しました。しかし、最後の最後まで一緒に拷問にあった同信の者を励ましながら絶命したそうです。

私たち日本人の中にも、信仰を守り通し、一番大切なものを何よりも優先させつづけて、その生涯を全うした人々がいたのです。

みこころを知る信仰

私たちの祈りの目的は、物事をうまく運ばせるためでしょうか。それでは御利益《ごりやく》信仰とあまり変わりがありません。いいえ、私たちが祈る目的は、祈ることによって神様のみこころを知り、そのみこころに従うように自分が変えられていくことです。人間的な見方をするなら、はたしてそんな生き方ができるだろうかと思ってしまうときでも、神様はそれができるように祈りのうちに私たちをその都度取り扱って備えてくださるのです。ですから、一日が始まる前に、「主よ。あなたの今日一日のみこころは何ですか」と聞きましょう。祈りの中で一日を始め、神様のみこころの真ん中を（それ以外の右でも左でもなく）淡々と歩みたいのです。

先日インドネシアに宣教師として行っておられた安海通子《あつみみちこ》先生の証しをお聞きし、感動しました。

先生は、ご主人の靖郎《やすお》先生とともに幼い子どもを連れてインドネシアに行かれたそうです。そこは、電気もない奥地です。いかに宣教師の妻とはいえ、内心は不安でいっぱいだったようです。医者はいませんから、いつ家族がマラリヤなどによって死ぬかもしれないとの恐怖心もありました。猛毒を持った蛇もいます。

あるとき、伝道旅行に行く途上、乗っていた舟が火事になりました。何キロも川幅があるような深さも数十メートルの大きな川です。そのとき先生は三歳のわが子を抱えて、夢中で水の中に飛び込んだそうです。ズブズブと川底まで沈む中、「ああ、自分の人生はここで終わりか」と考えたその瞬間に、突然日本の教会のクリスチャンたちの顔が、さながら映画の大画面のように目の前に浮かんできたそうです。そして「祈ってます、祈ってます」との声が聞こえてきました。その瞬間、彼女はプカッと浮かび上がり、助かりました。ところが自分が助かったのはいいのですが、気がつくとわが子がいないのです。先生はひたすら息子さんの名前を呼びながら、むなしく流されていったそうです。三歳の子どもですから、こんな深くて流れが早い川では生きているはずがない、そうあきらめかけた頃、川岸にたどり着きました。するとなんとそこに、わが子が生きて流れ着いていたのです。

先生はこの経験を通して悟ったそうです。「そうだ、人間は神様が召されるときに召されるのだ。日本にいてどんなにいい医者がいて、いい薬があって、どんなに健康管理をしていても、召されるときには召されるのだ。逆に、医者もいないし、マラリヤは流行しているし、事故は絶えないような所であっても、そこが神様の導かれた土地であるならばそこが最も安全な場所なのだ。神様がいのちを取られないかぎり絶対に召されることはないのだ」と。髪の毛一本一本すら数えておられる神様の御許しなくしては、雀一羽すら地に落ちることがないという信仰です。このことを悟ったあとは死の恐怖からも解放されたそうです。

その証しをお聞きして、流れに逆行してでも信仰によって歩みつづける単純な信仰の真髄を教えられた気がしました。神様は私たちにも、そんな不思議な信仰の道を祈りのうちに歩ませようとしておられるのではないでしょうか。祈りのうちに信仰のお取り扱いを受け、日々、流れに逆らってでも主に従い通していく者になりたいものです。

祈りは世界を救う（マタイ26・36〜46）

子どもとともに世界宣教を学ぶ

私たちの教会では、小学科が七つありますが、クリスチャンホームの子ども対象のクラスが以前開かれました。クリスチャンホームの子どもは、日曜日には親と一緒に朝から晩まで教会にいますから、午後はただ遊んでいることが多かったのです。それを見たある信徒が、彼らを集めて「子羊ミッション」というクラスを始めたのです。子どもの中には、「将来宣教師になりたい」と話している子もいます。それをまだ子どもの夢の話だからといって放っておくのではなく、訓練したいと考えたわけです。

といっても決して大きなことをしたわけではありません。たとえば、世界宣教のことを教えるのに、地球儀を持って来てこう話しました。

「これは地球です。さて、日本はどこにあるでしょうか。（日本がわからない子に）この赤いのが日本です」

「えー、こんなに小さいの？」

「そう、これが日本だよ。ところでこの世界は三つに分かれています。一つは教会がいっぱいある国、もう一つは少なくても教会がある国、三つ目は教会がないか、あってもキリスト教の伝道をしてはいけないという国。日本はどの国だと思う？」

「教会がいっぱいある国」

「残念、日本はお寺や神社はたくさんあるけど、教会は少ないの。それでは、教会がいっぱいある国はどこでしょう」

「アメリカ、イギリス……」（子どももわかっている！）

「そうだね。だけど、世界には教会やクリスチャンは駄目っていう国もあるんだよ。イスラム教の国ではクリスチャンになると、殺されることもあるんだって」

「えー、本当？」

「じゃあ次だよ。イエス様が、全世界に出て行ってすべての造られた者に福音を宣べ伝えなさいと言われたけど、『すべての造られた者』というのは、教会がたくさんある国のことだけだと思う？（手をあげさせる）それとも少ししかない国も含むと思う？　あるいは教会がまったくない国も？」

「（数えたあと）すべての造られた者とは、一つ目の国も二つ目の国もそして三つ目の国も全部含めた人々のことだよ。私たちは、そうしたすべての人の所へ行って、イエス様のことを知らせるようにと命令されているんだよ。じゃあ、そういう人の所へ突然行って、たとえばインドに行っていきなり日本語で話しかけて言葉が通じるかな？」

「通じない」

「そうだね。言葉が違うから通じないよね。言葉が通じないと、イエス様のことも伝えられないよね。でも国が違うと言葉だけじゃなくて、生活のしかたも違うんだよ。ある国では靴のまま家の中にあがるんだ」

「えー、汚い」

「僕たちから見るとそうなんだけど、その国の人にとってはそれがあたりまえなんだよ。たとえばみんなは、おじいさん、おばあさんに久しぶりに会ったとき、抱きついてキスをするかな？　しないよね。けれどもある国ではそうするんだよ。それはね、文化が違うからなんだよ」

このようにして文化の違い、言葉の違いを理解させ、宣教のために世界の国々のことを学ばなければいけないこと、また神学校に行ってイエス様のことをもっとよく学ばなければならないこと、そして語学も必要であることなどを教えます。そのあとは英語の簡単な歌を覚えたり、飛行機の乗り方や時差などについて話したりしました。

私たちは、この子どもたちの中から本当に宣教師が出ることを願っています。しかしこうしてやっていることがはたしてどのようにして実を結ぶのかはわかりません。けれども希望をもって教えています。

祈られるべき世界、救われるべき世界

ところで神様がこの世界をご覧になるとき、私たちが地球儀を見るようにただ眺めておられるだけでしょうか。もちろん違います。神様はこの世界を、収穫されるのを待つ救われるべき魂の実が満ちている世界として見ておられるのです。神様の目には民族や文化、人種、言語の違いに関係なく、すべての人が救われるべき魂であり、救われるべき世界なのです。もっと言えば、「救われるために祈られるべき世界」なのです。そうです、この世界は、「福音の宣教を妨げている壁が崩れてすべての人が救われて神のみもとに立ち返るように」と熱く祈られるべき世界なのです。

ある教会員のお母さんが、病気で手術をしたことがありました。そこで役員とともに訪問しました。以前、星野富弘さんの本などを差し上げたことはありますが、教会には来たことがない方です。そこで、イエス様の話をして「お母さんも今日はイエス様を信じませんか」と話しかけたところ、「はい、信じます」と素直にこたえられました。そこで「ではご一緒に手を握って祈りましょう。どうぞ私のあとに続いて同じ言葉でお祈りください」と言って祈りはじめました。

「天のお父様、私は天地を造られた神様を信じます。私は罪人です。私の罪をお赦しください……」と。ところが祈りの途中でお母さんの声が聞こえなくなりました。へんだなと思って祈りの最中でしたが目を開けてみると、なんとお母さんの目から涙があふれていたのです。その光景を見て、「ああ、時が満ちて救いに招かれたのだな」と私も思わず感動しました（この方はその後、クリスマスに洗礼を受けられました）。

実は、この方のためにも教会では以前から祈りのカレンダー（祈りのリスト）を用いて皆で祈っていたのです。この方が素直に信仰に入られた背景には多くの祈りがあったのです。どんな人でも祈られなければなりません。そして人々のために本当の意味で祈ることができるのはクリスチャン以外にないのです。祈りをもって魂を耕すなら、やがて時が満ちてその方が救いにあずかる時がきっとやってくるでしょう。そして失われた一人の人が救われるときに、天の御国には大きな喜びが起こるのです。天の父なる神様にとってこのことに勝る喜びはありません。そして私たちは、この地上にあって祈りの手をあげつづけることによって、この栄えある救霊のわざに参加することができるのです。

ルカの福音書15章8〜10節には、なくした銀貨を捜し出す女の人のたとえ話が出てきます。ここに登場する女性は、「一枚くらいなくなってもいい」などとは考えませんでした。家中ひっくり返してでも捜し出して、見つかったら近所の人を呼び集め、一緒に喜びを分かち合ったのです。同じように、いいえそれ以上に天の神様は一人の魂が救われることを願っておられるのです。そして私たちはその救霊のわざに祈りをもって参画するよう求められているのです。一人の魂は世界よりも重いと言われますが、その魂は、まず私たちによって祈られるべき魂なのです。

ゲツセマネでの祈りの葛藤

ヤコブも祈りました。彼の祈りは格闘のようでした。ハンナも祈りました。彼女の祈りはあたかも酔っていると思われるほどの祈りでした。そしてイエス様もあのゲツセマネの園で汗を血のしずくのようにしたたらせながら祈られました。それらの祈りはいずれも真剣なものでした。ただ、ヤコブ、ハンナの祈りの中身とイエス様の祈りの中身とは本質が違っていました。イエス様はひたすら人々の救いのみわざが成就するために祈られたのに対し、ヤコブやハンナはひたすら自分の必要のために祈ったからです。

もちろん、最初はそれでもいいでしょう。神様に向かって「卵が欲しい、魚をください」（ルカ11・11、12参照）と願うのは決して間違っていません。ヤコブのように「祝福してください」と祈っても、ハンナのように「子どもをください」と祈ってもいいでしょう。けれども、祈りの深みに入ると、自分のための祈りから、より広い世界のための祈りへと引き出されます。つまり、人のために祈りはじめるのです。

イエス様のゲツセマネの祈りは、自分の救いのための祈りではありませんでした。イエス様は私たち全人類を救うためにあれほどに苦しまれたのです。イエス様は、汗を血のしずくのように大地にしたたらせながら祈られました。

「イエスは、苦しみもだえて、いよいよ切に祈られた。汗が血のしずくのように地に落ちた」（ルカ22・44）

イエス様はペテロとヤコブ、ヨハネの三人を連れて、「わたしは悲しみのあまり死ぬほどです。ここを離れないで、わたしといっしょに目をさましていなさい」（マタイ26・38）と心のうちを明かしたのちに、彼らから少し離れた所で祈りはじめられました。弟子たちの見える所で、もだえるように祈りはじめられたのです。それも決して短い祈りではありませんでした。一時間、二時間、三時間と祈りつづけられたのです。しかも「わが父よ。できますならば、この杯をわたしから過ぎ去らせてください」（39節）と祈られました。それはとても激しい祈りでした。しかし祈りが進むと、祈りの言葉も少しずつ変化しはじめました。最後は、「わが父よ。どうしても飲まずには済まされぬ杯でしたら、どうぞみこころのとおりをなさってください」（42節）と祈られました。このときのイエス様が、どれほど深い痛みの中で祈られていたかは私たちには想像ができません。その少し前にこうあります。

「イエスは悲しみもだえ始められた」（37節）

「わたしは悲しみのあまり死ぬほどです」（38節）

イエス様はここで悲しみや恐れにつぶされかけたのです。「もだえる」とは、心の深いところがズキズキと痛むということです。私たちもけがをしたりすると、骨の芯にいつまでもズキズキとした痛みが残るでしょう。イエス様は、これからただひとりで、神と人との間に立ちながらも、その両方に捨てられて十字架につかなければならなかったのです。そのことを思ったとき、誰も味わうことのできない深い痛みが全身に走るような恐れとなって押し寄せてきたのです。

私たち人間が味わう苦しみや悲しみは、多くの場合自分自身が原因で生じる苦しみ悲しみです。しかしイエス様のここでの苦しみ悲しみは、神様に背を向けた私たちの罪を贖い、罪から救うための苦しみであり悲しみでした。

イエス様の人生はまさに死ぬために生きた人生でした。そしてそのクライマックスはまぎれもなくこの十字架だったのです。その十字架を目前にして、死ぬほどの悲しみにもだえられているイエス様の姿がここに浮かんできます。

「それから、イエスは少し進んで行って、ひれ伏して祈って言われた」(39節)

イエス様はこのとき地べたにひれ伏して祈られました。私たちも何かの折にひれ伏すことはありますが、イエス様は深い悲しみと神に打たれる恐怖のただ中で地にひれ伏されたのです。「ひれ伏す」とは、「うつぶせになる」ということです。うつぶせになって祈るというのは尋常な場合ではありません。

芥川龍之介の作品に、『きりしとほろ上人伝』という小説があります。芥川は最後は自殺しましたが、そのときの枕辺には聖書が一冊置いてありました。恐らくはキリストの救いのそば近くまで行っていたのかもしれません。彼は多くのキリスト教的なテーマのものを書きましたが、この作品もその一つです。

この物語の主人公はシリアの国の大男です。彼は大変な力持ちでした。彼はいつか自分はまことの天下無双の主人に仕えたいと考えるようになり、ある川辺でその方に出会うのを待つことにしました。彼は、旅人を肩に乗せて向こう岸まで運ぶ仕事をしながら待ちました。

ある大嵐の夜、一人の少年が「その河一つ渡して給はれい」と頼みました。そこでいつものように肩に乗せて歩きはじめたのですが、その少年があまりに重かったので、まん中あたりでずぶずぶと沈みかけてしまいました。なんと重い少年だ、もう駄目かもしれないと思いながらも、やっとの思いで向こう岸に着きました。彼が「はてさて、おぬしと云ふわらんべの重さは、海山量り知れまじいぞ」と言うと、頭上に金の光を帯びたその少年が答えました。「さもあらうず。おぬしは今宵と云ふ今宵こそ、世界の苦しみを身に荷うた『えす・きりしと』を負ひないたのぢゃ」

彼が背負った少年こそキリストでした。天下無双の主人に仕えたいと願った彼は、その主人がこの地上に来られたということ、しかもその方が人として歩まれるということがどれほど重いことなのかを味わい知ったのでした。

私たちにはイエス様の苦しみの一部分しかわかりません。切れば痛みが走る私たちと全く同じ弱い肉体を持って、全人類の罪とさばきの一切をその身に受けるというのは、どれほど重いことであったでしょう。

イエス様が十字架で槍で刺されたとき、血と水が流れたと聖書にはあります。ある医師によれば、心臓破裂時にこれと同じことが起こるのではないかということです。また、普通は十字架にかかっても六時間では死なないそうですが（ですからピラトは、イエス様が死んだと報告を受けたとき、「もう死んだのか」と驚いたのです）、イエス様は六時間という短時間で絶命しました。まさに想像を絶する苦しみだったのでしょう。

ところで、イエス様は、このような苦しみから逃れようと思えば逃れられたはずです。十字架につけられたとき、群衆が「もし、神の子なら、自分を救ってみろ。十字架から降りて来い」（マタイ27・40）と言いました。もちろん、数多くの奇蹟をなされたイエス様にとって、即座に十字架から降りて自らを救うことは簡単なことでした。しかしイエス様はそうはなさいませんでした。あくまで天の父のみこころの道をまっすぐに進み行かれたのです。

もしイエス様がここで十字架から逃れるようなことがあったら、全人類の救いは完成しませんでした。しかしイエス様は最後までこの道を堪え忍ばれました。なぜそれができたのでしょうか。それは、すでにあのゲッセマネの園での過酷な祈りの問いの中でご自分の進むべき道を確信し、勝利をとっておられたからです。

私の次女が川崎病になったのはまだ一歳半のときでしたから、自分の病気のことはわかりません。ですから白衣を着た医師や看護婦さんが注射をしに自分の所に来るのも、ただ自分の体を痛めつけているとしか思えなかったようです。当時、まだ言葉は話せませんでしたが、「ばいばい」はできました。そこで、白衣を着た人を見ると、すぐ「ばいばい」を繰り返すようになったのです（またいじめられると思っていたのでしょう）。恐らく当時の彼女にとって最も疑問だったのは、ガラス越しに私と妻が見ているにもかかわらず、なぜ自分を助けてくれないのかということだったでしょう。自分はこのベッドの上にしばりつけられて痛めつけられているのに、なぜ父と母は沈黙しているのか、どうして立ち上がって助け出してくれないのか、ということです。私たち両親にもそんな娘の、言葉にならない気持ちがよくわかりましたから、当時は一緒になって心痛めたことを記憶しています。イエス様にはこのような疑問はなかったと思いますが、それにしても、十字架を前にして、父なる神様との間にどんなにか重いやりとりがあったかと思うのです。

イエス・キリストがなぜ父なる神様の御前で自ら十字架につけられ、打たれなければならなかったか。そして父なる神様はどれほど心引き裂かれるような思いでその救いの道を見つめておられたことか。そんなことなどに思いを馳せるときに、この十字架の道は、血の汗をしたたらせるほどの祈りがなくしては決して全うされえなかった救いの道であったことを改めて深く思い知らされたのです。

祈りは世界を変える

私たちの教会に、かつて（旧）チェコスロバキアから来たアンさんというおばあさんがいました。彼女はあるとき私たちの教会の伝道会を見てこう言いました。「私たちの国のためにお祈りしてください。共産主義なので、キリスト教の自由がないのです」と。

帰国してからも彼女は祈ったでしょう。私たちも国の外から祈りました。けれどもまさかその半年後に、東ヨーロッパの共産主義が次々と崩壊するとは思いもしませんでした。

恐らくは彼女自身も、そんなに急激に伝道の自由が得られるとは思いもしなかったでしょう。

たとえ今は堅く閉ざされているように見えたとしても、祈って祈り抜いていくならば、あのエリコの城壁が突如崩れ落ちたように妨げの壁が崩れ落ち、大いなる魂の収穫の時代がやって来るのです。

私たちの教会に、神主さんの家系なのですが、今では一家をあげてクリスチャンになっておられるご家族がいます。最初、高校生だった長男がクリスチャンになりました。そのとき、お母さんから「神主の家からクリスチャンを出すわけにはいかない。この土地に住めなくなる」と言われたそうです。しかしそれでも許されたのは、その頃は時代が時代だったのだそうです。というのも、当時は福島県の田舎でもキリスト教のブームで、神社で聖書の講演会をしたこともあったそうです。今この地方に住んでいる私にとっては信じられないことです。伝道が難しいと言われるこの地方でも、かつてはそういうことがありました。やがて再び大いなる収穫の時がやって来ないとは誰も言えません。あきらめずに祈りつづけたいものです。

この間、ある団体の先生が、昔のリバイバルの話をしてくださいました。「いつのことですか」とお聞きすると、一九四五年から四八年までの四年間だったそうです。当時、日本の占領のためにやって来たアメリカ人の軍人が、続々ＧＩゴスペルアワーで救われて、ある人は献身してアメリカに帰り、宣教師になって再び日本にやって来たそうです。そのような直接献身に導かれていない人も、町に出て行っては日本人に盛んに伝道したというのです。敗戦直後で、人々の心は飢え渇いていて、多くの人が群がって教会にやって来たそうです。

現在、日本の田舎では、クリスチャンになるのは大変難しいことです。けれども、いつまでもこうした状態が続くとはかぎりません。祈りによって日本人の心が福音に対して開かれるよう耕しつづけていくならば、必ずや主は偉大な救いのみわざをなさってくださるのではないでしょうか。

世界宣教のために祈る

私たちの教会は、フランク・ホレチェクというアメリカ人の宣教師の働きによって始まりました。そこであるとき、その先生を遣わした教会を訪ねました。田舎の教会ですが、驚いたことにちょうどその夜、日本人のために祈りをささげ、献金をする「日本宣教の夕べ」をしていました。日の丸や写真を飾り、日本の食事をしながら日本の地に思いを馳せていたのです。庭には日本庭園までありました。

礼拝堂の正面には大きな垂れ幕があり、片方には福音が満ちているアメリカが描かれていました。もう片方には福音が届いていない地域が描かれていました。そして隣には、「主よ。私を遣わしてください」と記してあるのです。アメリカには教会がたくさんあるからそれでいいというのではないのです。「教会のない地域が世界にはまだまだある。そこに福音を伝えるのは私たちの使命だ」というわけです。

そんな教会の姿勢を見て、宣教のスピリットを教えられました。日本の私たちははたしてどれくらいアジアのために祈っているでしょうか。アフリカのためには？ 祈りといってもほとんど身の周りのことだけで終わってしまっているのではないでしょうか。しかし神様は私たちに、もっともっと空間を越えて全世界の魂の救いのために祈るように、そしてその結果世界中の魂が耕され、救いに入る準備が整うようにと願っておられるのです。

一昔前の世界宣教であれば、おもにアメリカやヨーロッパの人がアジアやアフリカなどに伝道する形態が多かったでしょう。今は違います。アジアやアフリカからもアメリカやヨーロッパに行って伝道する時代となりました。文字どおり世界が世界に伝道する時代となったのです。今日では電波も国境を越えて行きます。飛行機は数時間で異文化の国へ私たちを運びます。まさに世界が私たちの畑になりました。

神様は現在のこの世界をご覧になり、どのように心を痛めておられることでしょうか。私が当地の教会に赴任した十数年前は、よく教会やキリスト教を誹謗《ひぼう》する電話を受け取ったものです。内容は大体こうでした。「教会は力がなくて情けないなあ。魅力がない。いのちも感じない」と。なんと失礼な電話でしょう。けれども問題は、地域の人に教会がそのように見られているということです。

どんなに他の地域で教会が盛んになったとしても、この土地の教会がここで神様の栄光を拝するようにならなければ、少なくともこの地域の人々にキリストの御名が強く映ることはないという事実を見せられたのです。現在の日本と日本の教会の姿を見るとき、やはり神様の心は痛んでいると思います。もちろんクリスチャンでない人には、教会の外面的なことしかわからないでしょう。しかしそのような人々にも「次々と教会が新しくなる」とか、「活動が活発になってきた」とか、「たくさんの人が導かれている」ということを通して、何とか「キリスト教には何かある」ということを感じ取ってほしいのです。そのためにも、私たちはもっとうめきの涙を流し、苦しみつつも祈る必要があるのではないでしょうか。苦しみ泣いて、ひれ伏して魂の救いのために産みの苦しみの祈りをささげるのです。

そのようにして魂の救いのために祈る祈りは、世の終わりの世界宣教に用いられます。世界の救いのために私たちの祈りが確かに用いられるのです。しかも、そのようにして祈ることを通して自分自身も成長する恵みにあずかることでしょう。

私の遣わされた地方は、どの宣教団体も本気で教会形成をしようとは計画しなかった場所でした。人口があまりに少ない過疎の村で、自立教会はできないと考えられたからです。けれどもこの土地に、以前アメリカに住んだことのある方がおられました。そしてその方はこの地方にアメリカでかつて見た酪農産業を導入して町を活性化しようと考えたのです。さらに不思議なことに、精神的基盤としてアメリカで見たキリスト教を導入しようと考えたのです（この方自身はクリスチャンというわけではなかった）。そこで当時アメリカで日本宣教のために祈っていたホレチェク宣教師を招くことになったのです。当時、村の人たちはその宣教師のための住居を作り、またのちには教会までも建てました。なんと不思議な光景、伝道のスタートでしょう。

戦後の荒廃した時代でしたから、当初は人々がぞくぞくと教会に来たそうです。しかし生活が豊かになり、安定してくると、来ていた人々もすぐに来なくなりました。当時かなりの人が洗礼を受けたにもかかわらず、残った人はわずかでした。そしてその宣教師は日本で奥さんを亡くし、本人も病気になりました。人に言えない数多くの苦しみもあったでしょう。それらはいったいなんのためでしょう。何か人間的に私たちの地方に義理があったわけではありません。けれども実が見えなくてもその先生はひたすら日本を愛し、この土地を愛されたのです。そして伝道を続けられました。定年になり、今は祖国アメリカに戻られました。この宣教師の働きに思いを馳せるとき、私たちの心は燃えるのです。

私たちの教会の場合、まぎれもなくそのような海外から派遣されたクリスチャンの愛の労苦によって建てられました。ですから、受けた私たちは、今度は返すべきだと考えたのです。すなわち、今度は自分たちが海外宣教に向かってささげていく番だと決心したのです。それこそ神様の恵みに対して応答するということではないかと。

先ほど、アメリカの教会の話をしましたが、私たちの教会のホールにも実はアジアの地図が貼ってあります。近い将来、アジアの国に宣教師を派遣する予定なのです。その地図の横には、「ガリラヤから世界へ」と書いてあります。私たちの置かれた土地はガリラヤのような田舎かもしれません。けれども神様はこの土地を愛し、実に不思議な方法を通して福音の種を蒔き、くすぶる灯心を消すこともなく、痛んだ葦を折ることもなく守ってくださいました。それらの恵みに対して、昔ガリラヤからエルサレム、ユダヤとサマリヤの全土、そして世界中に福音が宣べ伝えられたように、私たちも宣教のわざに携わろうではないかと願っているのです。

祈りの中で勝利をとられたイエス様

前掲のマタイの福音書に戻りましょう。この場面で結局弟子たちは眠ってしまい、イエス様と一緒に祈ることができませんでした。しかし、イエス様は立ち上がられました。「それから、イエスは弟子たちのところに来て言われた。『まだ眠って休んでいるのですか。見なさい。時が来ました。人の子は罪人たちの手に渡されるのです。立ちなさい。さあ、行くのです。見なさい。わたしを裏切る者が近づきました』」(26・45、46)

イエス様は祈りの中で勝利をとられたのです。人々の救いのために自らのいのちをささげる決心がついたのです。ヨハネの福音書18章を読むと、このときのイエス様の気迫がただならぬものであったことがわかります。イエス様は、自らをつかまえようとしてやって来た兵士たちに向かって「だれを捜すのか」と問われました。「ナザレ人イエスを」と兵士らが答え、イエス様が「それはわたしです」と答えられたとき、兵士たちは思わずあとずさりし、そして地に倒れたとあります。

イエス様がもう一度、「だれを捜すのか」と問われると、彼らが再び「ナザレ人イエスを」と答えたので、「それはわたしだと、あなたがたに言ったでしょう。もしわたしを捜しているのなら、この人たちはこのままで去らせなさい」と答えられたのです。何か、ただならぬ気迫を感じます（4～8節参照）。

このやりとりを聞いていたペテロは、剣で一人の捕り手の耳を切り落としました。けれどもイエス様はすぐにその人の傷ついた耳をいやされ、ペテロには剣を収めるように指示されたのです。なんという余裕でしょうか。また気迫でしょうか。手に武器を持つ兵士を前にして無防備なイエス様ですが、どちらが捕り手であるかわからない情景です。しかも自らのいのちが危険なときに、「彼らを去らせなさい」と言って弟子たちの身を案じておられます。ちょうど、十字架上で母マリヤのことを弟子のヨハネに託した場面と似ています。イエス様は自らの危険の中でも人のことを思いやる余裕すらあったのです。どこからこのような余裕や気迫が生まれたのでしょう。少し前、あのゲッセマネで恐れつつ祈っておられたイエス様の姿はもうここにはありません。何度も言うようですが、その理由は、祈りの中で勝利をとられたからにほかならないのです。

ドストエフスキーの『カラマーゾフの兄弟』には、主人公の修道士が子どもに中指にかみつかれる場面が出てきます。その子どもは、どうやら主人公の彼を誤解して憎んでいたようなのです。ところが、当然殴り返してくると思ったその修道士が、かえって優しくその少年に接し、理解しようとします。するとその少年は突然大声で泣きだしてしまうのです。

自分の指をかんだ子どもを蹴飛ばし殴り返すことは誰にでもできます。けれどもこの本の主人公のように、自らを傷つける者に向かっても優しく接することができるのは、それこそ本当の勇気と言えましょう。

実にイエス様は、祈りに祈りを重ねることによって勝利をとられ、その結果、敵に向かってさえもそのような優しい対応ができたのです。私たちも祈りの中で自らの岩のように硬い心を耕していただいて、勝利の人生へと導いていただこうではありませんか。

キリストとの出会い

あるクリスチャン医師の話を思い出します。その先生は、数年前にホスピスを作りました。ホスピスですから、あと数週間で亡くなるという人ばかりが入院しています。そのような人たちに、趣味や気晴らしの話ばかりをしていてもしかたがないというのです。そこでそのクリスチャンの医師は、患者さんにこう語りかけられるというのです。「私も一人の人間としてやがて死を迎えます。けれどもクリスチャンとしてイエス様を信じて、天の御国に行く希望を抱いています。あなたもそんな希望を共に持ちませんか」と。

スウェーデンの作家のラーゲルクヴィストは、『バラバ』という小説を書いてノーベル文学賞を受賞しました。

福音書には、バラバはキリストの代わりに十字架刑を免除された人物として登場します。その後のことは記されていません。けれどもその小説では、その後の彼の変化が描かれているのです。彼はそれまで悪いことをたくさんしてきました。しかし自分の代わりにイエスという見知らぬ人が十字架にかけられたことを知って、彼は変わりました。当時のクリスチャンたちに、なぜキリストは死んだのかと聞くと、「イエスの死は、全人類の救いのためだ」との答えが返ってきました。しかしバラバは到底そうは考えられませんでした。

彼が死んだことによって助かったのは自分なのだから、彼は自分の身代わりに死んだのだと思ったのです。確かにバラバにとってキリストの死は文字どおり彼の身代わりでした。このように信じて変えられた彼の人生の最期はなんとキリストの名のゆえにいのちを捨てるというものです。

キリストに出会うと、確かに人生が変わるのです。

中国のある家の教会の指導者は、二十年以上も獄中にいました。彼はまぎれもなく信仰の勇者でしたが、あるとき、不満が起こったと正直に言うのです。獄中には食べる物もなく、自分の皮のベルトを食べてなんとか飢えをしのいでいたそうです。そのようなときに、「かつて初代教会時代にはペテロは奇蹟で獄中から救われたではないか、なのになぜ自分は助け出されないのか」という疑問がわき起こったというのです。そしてついには不信仰に陥りました。

ところがその頃そこにはもう一人のクリスチャンが収容されていました。その方はとても体が弱かったそうですが、お母さんが当時は貴重だった粉ミルクを差し入れてくれていたそうです。あるとき彼はその大切な粉ミルクをスプーンですくったかと思うと、「これは先生に」と言って先生の口の中に、断るのを押し切って無理やり入れたそうです。「それは、あなたの体も心配したお母さんが送ってくれた大切なものではないか」。そう言おうとした瞬間、その先生の目から涙があふれたというのです。極限状態の中で、イエス・キリストの愛の御手を見た思いがしたそうです。「これでもわたしの愛がわからないか」

と言わんばかりの光景に触れた彼は、「ここが神様の栄光を現すように定められた場所であるならば、私はここで神様に仕えます」との祈りをささげるまでに変えられたのだそうです。今ではその先生は釈放されて中国伝道のために専心して働いておられます。

以前、ある宣教師の日本伝道の記録を読んで感動したことがあります。彼は当初、兵隊として日本と戦った人でした。しかし救われたあとは今度は平和の使者、キリストの使節として日本にやって来ました。彼は五年に一つずつ教会を作ると目標を決め、精力的に教会形成に励んでこられました。そして亡くなる前のメッセージでは、「私は一人でも多くの日本人を天の御国に連れて行きたい」と話されて、直後に天に凱旋されたというのです。その証しを読み、私は大いに燃やされました。その先生の生涯はまさに福音宣教にいのちを燃やした一生でした。

この世にはさまざまな人生があります。けれども私たちは何のために時間を使うのでしょうか。何のためにいのちを燃やすのでしょうか。自分の利得を追い求める人生ではなく、天の父の痛みを知り、一人でも多くの人が救われることを私たちも願ってそこから前進する人生でありたいものです。

この世界はまさに救われるべき世界、もっともっと祈られてしかるべき世界です。神様はまず私たちに祈らせようとなさっておられます。その期待にこたえ、まず熱く祈りの闘いに加わっていく者となり、祈りによって世界を変え、大いなる魂の収穫に参加していく者となりたいものです。

祈りについての質問と答え

●質問1　スケジュールについて、どのように祈ったらいいでしょうか

今日は二時にあの人と会わなければいけないとか、今日はここまで仕事をしなければならないとかいうような、今日中にしなければいけないスケジュールがいろいろとあります。それらを自分で決めてしまう前に、祈ることをお勧めします。というより、一日のスケジュールを考えながらまず祈るのです。

また、祈りというのは一方的に願いごとをしゃべることではありません。神様の御前に身を置いて、心を注いで神様に語り、また神様の御声を聞くのが祈りです。実際そのようにすると、さまざまな事柄を示されるものです。

たとえば「今日のスケジュールは過密でつぶされそうだ」というときにも、まず祈ると

案外「大丈夫だ。必ず守られる」という不思議な確信や平安に満たされたりするものです。さらには、祈りつづけていくと、いろいろなことに気づかされたりします。たとえば、「朝九時からしようと思っていたことがあったけれども、これは何も今日でなくてもいいんじゃないか。そしてその代わりに夕方四時からしようと思っていたことを朝九時からすればどうだろう」と。それらは神様が気づかせてくださることと言えましょう。

それから祈りと聖書を読むこととはなるべくミックスしたほうがいいと思います。たとえばそんなとき、「今日一日のスケジュールはかなりきついと思っていたけれども、この聖書に記されているダビデのような信仰をもって歩めばいいんだな」と、詩篇などを読みながら直接示されることも多々あるからです。今日読んでいる箇所からばかりではなく、昨日読んだ箇所を思い起こして示される場合もあるでしょう。

またもしかしたらどんなにスケジュールのことを祈っても、見通しがつかない場合もあるかもしれません。あるいは聖書を読んでみてもぴんと来ない場合なども。けれども大丈夫です。そういう場合でも、祈ってゆだねて一日のスケジュールを始めてみるのです。すると、朝祈ったときには予想もしていなかった一日の展開になったり、自分のほうが知らぬまに変えられていたり、ということがあります。自分につらく当たる人が職場にいて、もう今日こそ耐えられないと思っていたのに、その人が非常に穏やかだったり、自分の応答がそれまでと変わっていたり……と。それらは神様が自分の一日のスケジュールに先回りをして道を整えていてくださったということなのです。

●質問2　祈りが大切なのは重々承知しているのですが、なかなか祈れません。

あなたも大丈夫

そんなあなたのことを、誰よりもイエス様がよくご存じのうえで導いておられるのですから、大丈夫です。あなたは今、時間をかけて祈りの世界に導かれていったあの弟子たちと同じ道筋にいるのです。

イエス様の弟子たちの姿をもう一度思い起こしてみましょう。たとえばペテロとヤコブとヨハネです。ゲツセマネの園で十字架を前にしたイエス様が地にひれ伏して必死に祈っているのに、どうしても祈れませんでした。死ぬほどの悲しみを胸に必死で祈るイエス様の背中を見ながらも、「イエスが戻って来て、ご覧になると、彼らはまたも眠っていた。目をあけていることができなかったのである」（マタイ26・43）と記されている有様です。

けれどもそんな祈れない弟子たちものちには変化しています。彼らは復活のイエス様に出会い、「エルサレムを離れないで、わたしから聞いた父の約束を待ちなさい」（使徒1・四）と命じられます。すると彼らはおしゃべりをしながら待っていたのではなく、祈りの備えをしながら待っていたのです。

「そこで、彼らはオリーブという山からエルサレムに帰った。この山はエルサレムの近くにあって、安息日の道のりほどの距離であった。彼らは町に入ると、泊まっている屋上の間に上がった。この人々は、ペテロとヨハネとヤコブとアンデレ、ピリポとトマス、バルトロマイとマタイ、アルパヨの子ヤコブと熱心党員シモンとヤコブの子ユダであった。この人たちは、婦人たちやイエスの母マリヤ、およびイエスの兄弟たちとともに、みな心を合わせ、祈りに専念していた」（使徒1・12〜14）

ついに福音書の時代には見いだすことのできなかった、祈る弟子たちの姿がここにはあります。冒頭に名を連ねているのはペテロとヨハネとヤコブの三人です。その他の弟子たちもしっかりと祈りの勇者の一員として顔を出しています。福音書の時代が終わって、十字架と復活の福音のみわざが完成し、罪の赦しを受け、天との和解がなった使徒の時代が幕開けて、彼らの姿も変化したのです。一度、目からうろこが落ち、祈りの世界に引き出された彼らは、それ以降も祈る人として生きていきました。初代教会が形作られ、数多くの仕事に忙殺されそうになったときにも彼らは「私たちは、もっぱら祈りとみことばの奉仕に励むことにします」（6・4）と述べ、優先順位を崩すことはありませんでした。

さあ、そういうわけで現在のあなたが祈れなかったとしても大丈夫です。弟子たちが変えられたように、神様のプログラムの中には、ちゃんと変えられたあなたが未来にいるからです。

再三述べていることですが、念のために私の体験を付け加えれば、私も長い間全く祈りが身につかないクリスチャンでした。ところがそれでも、時満ちると祈りの重要性に目覚め、なんとしても祈りなくしては生きられないと感じて祈る者に変えられたのです。実に主に手を引かれて歩む者の醍醐味は、第一に神を信じない者が信じる者に変えられる救いの恵み、第二に祈りを知らない者が祈りの世界に移される点にあると言えましょう。

ですから、今現在のような祈れない期間がいつまでも続くとは考えずに、やがて変えられる前の産みの苦しみと考えてはどうでしょう。主は確かに私たちを祈りの世界へと導いておられるのです。ですから、その世界が開かれる、脱皮直前の苦しみだと。スポーツの世界でも、新しい自分に脱皮し飛躍するときには、その直前にはプレッシャーやスランプや自信喪失などの産みの苦しみがあるでしょう。私たちも今現在なかなか祈れないからといって、即座にあきらめる必要はありません。これは私たちもやがて祈りの世界へ引き出されるための助走の期間なのです。

祈りあう友は助け舟

さてそれでは、どうしても祈れないのだから今は何もせず、時が流れるのに身を任せるしかないのでしょうか。いいえ、やがての大きな飛躍のために打つ手はあります。布石を打ち、外堀からでも埋めて準備を進めていくべきです。

その第一は、ひとりで祈れないときには誰かと一緒に祈りあう時間を持つことです。どうしても祈れなくても、他のクリスチャンとともに集まって励ましあうならば、そこが祈りの場所となり、祈りの深みへと漕ぎ出す恵みのチャンスとなるのです。祈りの友が身近に置かれているのは偶然ではありません。信仰が弱かったり、ひとりで祈る祈りの火が消えかかったらその信仰の友とお互いに励ましあって天に向かうようにとの神様の配慮によるのです。お互いに祈りあえるのは祝福です。

次のイエス様の約束に目を留めてください。「まことに、あなたがたにもう一度、告げます。もし、あなたがたのうちふたりが、どんな事でも、地上で心を一つにして祈るなら、天におられるわたしの父は、それをかなえてくださいます。ふたりでも三人でも、わたしの名において集まる所には、わたしもその中にいるからです」（マタイ18・19、20）

祈りにおいても、一人よりも二人のほうが勝っているという面が確かにあります。一人で祈りに火をつけるよりも、二人で心を注ぎ出したほうが祈りの炎が燃え上がるのではないでしょうか。そこで共に励ましあう祈りについて具体的なアドバイスをいたしましょう。この中から実践可能なものを選び出して、一つでも二つでも実行に移されてみてはいかがでしょう。

一、教会の祈禱会や婦人会の祈禱会などに積極的に参加してみる。

二、誰か心通うクリスチャンと祈りのパートナーとなって週一回、月一回でも共に自宅などに集まって、感謝や証しなどを述べあう。祈ってほしいことを出しあってお互いが支えられるように祈る。仮に共に集まれなくても、電話などで祈りあうようにする。

三、お互いに理解しあえる信仰の友と時を同じくして祈りあう約束をし、原則として毎日その時間帯はそれぞれの場所で同時に祈るようにして励みとする。たとえば「夜八時から九時は祈りの時間にしよう」など。

念のため、他のクリスチャンに祈りの要請をすることやお互いのために祈りあうことは、決して情けないと感じたり恥ずかしがったりすることではないことをパウロの言葉から確認しておきましょう。パウロの手紙を読むと私たちは、もっとお互いに祈りあい、祈りの支援をお願いして、この特権を行使すべきだと教えられます。

まず、比較的初期に書かれたパウロの手紙の締めくくりには、この祈りの要請が多くあります。「兄弟たち。私たちのためにも祈ってください」（Ⅰテサロニケ5・25）。パウロがまだクリスチャンとして完成の域に達していなかったからでしょうか。いいえ、晩年の獄中からの便りでも、この祈りの要請があります。「また、私が口を開くとき、語るべきことばが与えられ、福音の奥義を大胆に知らせることができるように私のためにも祈ってください。私は鎖につながれて、福音のために大使の役を果たしています。鎖につながれていても、語るべきことを大胆に語れるように、祈ってください」（エペソ6・19、20）。パウロにしてこうなのですから、私たちももっと祈ってもらい、またお互いのために祈りあいたいと思います。

その他のアドバイス

その他、祈れないあなたに、いくつかのアドバイスをいたしましょう。

一、祈りのノートを作り、書き込む。

仮に祈れなくとも、手を動かし、時を聖別して（神様の御前に身を置いている時間という意味で）祈りの課題を書き記しているその姿を、神様はちゃんと見ておられます。あるいは祈りの課題や文章を書き込んでいくその過程で、神様が突然あなたに働いて、祈れなかった心の壁を崩し、祈りの霊を特別に注がれないともかぎりません。ですから仮に今祈れなかったとしても、それでも祈りの時間を聖別しようとする、私たちの側からの準備の姿勢は大切です。

二、祈りに関して本やテープ、セミナーなどで学ぶ。

これらのものに積極的に触れ、吸収していくうちに、祈りに対する渇望がわきあがるものです。本にしてもテープにしてもその中には、きっとあなたの知らない祈りの世界の奥の深さや、そこに至る入口への案内などが記されていて、ちょっとした励ましの言葉やアイデアに、雲や霧が晴れる体験をするかもしれません。

新しく祈りの世界を開拓するのに、外から入る風や刺激も有効でしょう。最後の最後に、そんなあなたが現状に満足せず、クリスチャンとしてもっと豊かに祈りの世界に身を乗り出したいと願ってやまない事実こそ、あなたがまぎれもなく主に導かれている弟子のしるしではないでしょうか。その点を強調して、祈りの心をもってそんなあなたに拍手を送ります。

●質問3　祈りが、一つのことの繰り返しになっています。また、祈りが単調になり、気力が失せるときがあります。

繰り返し祈っても大丈夫

確かにイエス様は山上の説教にて「祈るとき、異邦人のように同じことばを、ただくり返してはいけません。彼らはことば数が多ければ聞かれると思っているのです」（マタイ6・7）と教えられました。けれども私たちが繰り返し祈る祈りは、ここで指摘されているような、神を知らない異邦人が、ただわけもなく呪文のように繰り返し唱えているそれとは根本的に違います。

イエス様を受け入れ、罪の赦しを得、天の神様のみもとに帰った私たちクリスチャンが今繰り返しささげる祈りは、日々に神様を体験して、真の祈りの世界へと招かれつつささげる意味ある繰り返しの祈りだからです。むしろ旧約聖書に登場するハンナやヤコブが、かつて一つの事柄に集中して祈ったあの祈りに似ていると考えたほうがいいでしょう。ハンナの祈りは、とにかく子どもが与えられるようにと激しく泣きながら長い間祈ったものだったので、人の目には酔っているのではないかと見えたほどでした。またあのヤコブも、兄エサウに再会する直前、兄の憎しみを恐れて神の使いと格闘までして、一つのことを夜通し願いました。何よりもイエス様が十字架につく直前、ゲツセマネの園で、長い間（おそらく夜中に三時間以上）一つのことを繰り返し祈られたのですから。

それは大切なお取り扱い

それでは、一つのことを同じ言葉で継続して祈っていくとどうなるのでしょうか。その祈りの課題をきっかけにして、それを神の御前に携えていくあなた自身が変えられるのです。いつしか、祈りの課題それ自体がどうなるかよりも、あなた自身に対する神様のお取り扱いがあることを知って驚くでしょう。

ヤコブは一つのことを願うことによって、状況が変わったというよりも、それを迎える自分自身が変化したことに気がつきました（それからは「イスラエル」に改名）。ハンナはただ一つ、目の前の壁のことを繰り返し祈った結果、いじめがなくなったとかその場で子どもが宿ったとかではなく、同じ状況下で自分の心が変えられ、身も心も晴やかになったということに気がつきました。

またイエス様もゲッセマネでただ一つの課題（十字架の道を進むこと）に心を注ぎ出して祈るうちに、少しずつそこに向かうにふさわしく整えられていきました。確かにイエス様は「再び離れて行き、前と同じことばで祈られた」（マルコ14・39）のですが、よくよく観察するとその同じ言葉の繰り返しも、少しずつ変化しました。

最初は「わが父よ。できますならば、この杯をわたしから過ぎ去らせてください。しかし、わたしの願うようにではなく、あなたのみこころのように、なさってください」（マタイ26・39）から始まりました。けれども約一時間後の祈りでは同じように見える祈りの言葉でも「わが父よ。どうしても飲まずには済まされぬ杯でしたら、どうぞみこころのとおりをなさってください」（42節）と変化していきました。同じ言葉でも、祈りを積み重ねていくうちに父なる神のお取り扱いを受け、次第に十字架の道へと自ら進み行く、変えられつつある主イエスを発見するのです。そのため、三度目の最後の祈りののちのイエス様はこう言うことができたのです。「時が来ました。人の子は罪人たちの手に渡されるのです。立ちなさい。さあ、行くのです」（45、46節）

ヤコブを変えハンナを変え、主イエスをみこころの道へと導いた祈りは、あなたを変え私をも変えます。繰り返し一つのことを祈るのを恐れてはいけません。それでもあきらめずに、主がそのことを通して自分に触れようとしてくださっていることを信じて、祈り続けましょう。

具体的な工夫

とはいうものの、一つのことを継続して祈るには励ましが必要です。祈りが単調になり、祈る気力が失せていかないためにも、いくつかのアドバイスをしましょう。

一、祈りの感謝を忘れない。

感謝を忘れてお願いばかりしていると、いつしか疲れはててきます。神様は実は一つ一つこたえてくださっているのに、それらのことには目もくれず、ひたすら自分の側の願いごとばかりに心の目が奪われていくからです。祈りの課題は尽きることがありません。一つが過ぎ去ったかと思ったら、もうすぐ次の祈りの課題が生じてきていることでしょう。ですから、一つの課題がこたえられたらちゃんと感謝をささげることです。立ち止まって、主の恵みを振り返り、一つ一つ主に感謝を申し上げるのです。それからでも次の祈りの課題に進むのは遅くはありません。

人は不思議なもので、願いごとから始める人は願いごとずくめで終始してしまうものです。けれども感謝から出発する人は、その感謝を節目としつつ物事への姿勢や物の見方が前向きで積極的になっていくものです。

たとえば「祈りの課題と感謝の記録」ノートなどを作って、その時々の祈りの課題に対して何年何月にこたえられたかなどの記録を刻んでいくのもよいでしょう。

二、静まる時間を持つ。

祈りは一方通行ではいけません。天からの語りかけを聞き、受け止める時間をもバランスよくとることが必要です。サムエルの、主とともに歩む生活は、まず「サムエル。サムエル」（Ⅰサムエル３・10）との天来の語りかけを聞くところから始まりました。預言者エリヤも激しい大風や地震の中に主を見たのではなく、火のあとの「かすかな細い声」の中に、主からの語りかけを聞いたのです（I列王19・11〜13）。

こちら側の主張をただ一方的に述べて聞く耳がないのでは駄目です。主は、どんなに次元が低いと思える願いごとや祈りにも耳を傾けてくださいますが（ルカ11・5〜13）、私たちの側でも心の耳を開く必要があります。一方的に言葉を口から発するのではなく、静まって主からの細い御声に耳を傾ける、静思の時間を確保しましょう。その黙想のうちに主は私たち祈る者の心のうちに働いてくださって、困難と思われた人間関係やスケジュールの調整の方法などを示してくださるにちがいありません。混沌とした中にも、時には不思議な主の平安が心を満たすことを経験するでしょう。

イザヤ書はこう教えています。「立ち返って静かにすれば、あなたがたは救われ、落ち着いて、信頼すれば、あなたがたは力を得る」（30・15）と。また私たち主イエスを信じた者の中には、聖霊なる神様が住んでおられます。「キリストの御霊を持たない人は、キリストのものではありません」とローマ人への手紙が教えるとおりです（8・9）。そしてそんな私たちクリスチャンの心の中に主は自在に働いて私たちの心を導いてくださるのです。「神は、みこころのままに、あなたがたのうちに働いて志を立てさせ、事を行わせてくださるのです」（ピリピ2・13）。ですから私たちは、静まってかつてのサムエルのように主からの語りかけを聞く時間をも確保したいのです。

三、賛美や学びを組み入れる。

祈りに変化を持たせる工夫をしましょう。私たちの祈りにも励ましやアイデアが必要です。そこでたとえば、賛美歌やワーシップソングを歌ったり聞いたりしながら黙想する時間を取るのもいいでしょう。祈りの最初は賛美というのはどうでしょう。もちろん聖書を読む時間も取り、祈りつつみことばを開き、聖書の語りかけを聞きつつ天を仰ぎまた祈ることが有益ですし必要です。それ以外にも、たとえば聖書の解説書を読む時間を取り入れるのもいいでしょう。いいえ、思いきって現在の祈りの課題に関係する信仰書などをその時々に同時並行的に読み、そこからも主の語りかけを聞きつつ祈ることも、祈りの時間を有意義で楽しいものとし、励ましとなることでしょう。

その他、他のクリスチャンのデボーションの方法なども参考にして、自分自身の祈りが細く弱くならないように、努力してみましょう。

●質問4　祈っている最中に別のことを考えてしまいます。祈りに集中できません。

これには祈る時間帯と場所の工夫で対処したらいいでしょう。たとえば礼拝でもそうです。ざわざわした場所ではなかなか集中しにくいものです。日曜の夜遅く、一日を終えて疲れはてた時間帯もよくありません。そういうわけで、神様の前に出る礼拝でも日々の祈りでも、案外無視できない要素がその時間帯と場所です。

祈りの時間帯を考える

ダビデの祈りの時間帯は興味をひきます。「主よ。朝明けに、私の声を聞いてください。朝明けに、私はあなたのために備えをし、見張りをいたします」（詩篇5・3）。彼は必要に応じていつでも祈ったでしょう。けれども特に彼は朝の時間帯を貴重な祈りの時として、聖別して御前に出ていたことがうかがえるのです。

イエス様もしばしば朝の時間帯に身を押し出すようにして天の父の前に出ては祈りに心を注いでいたことはすでに触れました。「さて、イエスは、朝早くまだ暗いうちに起きて……そこで祈っておられた」（マルコ1・35）

さてそれでは、いったいなぜダビデの場合もイエス様も朝だったのでしょうか。それはさまざまなスケジュールがスタートしてしまう前に、真っ白な心の状態でまず主の前に出て集中して祈るということが大切だからです。その日のことを考えはじめ、世のさまざまな事柄に心を奪われてしまう前に、その時間帯を聖別して祈りをささげることにより、あなたの祈りに関する課題のかなりの部分は解消されると思います。

明日からでも、朝のなるべく早い時間帯を自分自身のかけがえのない祈りの時間と決め、早朝の祈りを実践してみるとよいでしょう。きっと同じ祈りの長さでも、集中してやりやすい自分の心の状態に気がつかれることでしょう。

祈りの場所を考える

ところで先ほどのイエス様の朝の祈りの様子ですが、朝の時間帯と同時に、祈りの場所も大事です。どこで祈ったかということです。ちょうど私たちの礼拝も、わが家で一人でやるとは言わずに、わざわざ身支度をして家を出て、車やバスに乗り教会に身を移してささげるのに似ています。イエス様も起きてその場所で祈ったのではなく、ご自分で聖別されたその祈りの場所を確保し、そこで祈りをささげたことが記されています。「さて、イ

エスは……寂しい所へ出て行き、そこで祈っておられた」(同)

何もわざわざと考えるかもしれませんが、祈るにふさわしい場所というものがあるのです。自分にとって最も心を注ぎ出しやすく、集中しやすい場所と言い換えてもいいでしょう。あのゲッセマネの園での集中した祈りでも、イエス様は「ゲッセマネという所に来て」(14・32)、しかもその園の中を「少し進んで行って」(35節)場所を確保し、祈られました。

あなたにとって最も集中した、祈りに入りやすい場所はどこでしょう。その場所を見つけてください。自分にとってなるべく早く祈りに集中できる場所や最も自分に適した祈りの型というものを発見し、訓練し、身につけてみることをお勧めしたいのです。

私の場合でしたら、外に出て、歩きながら祈ることが、より早く主と二人だけの個人的な親しい交わりの世界に入り込み、祈りの深みへと漕ぎ出しうる場所と型です。車の中や、台所で皿洗いをしている結構長い時間に案外集中できるなどという人もいるかもしれません。いずれにしても、どこかの公園でも自分の部屋でもベッドの中ででも、自分にとって最も主に近づきやすく集中して祈りやすい場所と型とを身につけましょう。

相撲の世界でも、右四つや前三つを取ったら強いなど、自分の得意の型を身につけた力士は強いと言われます。祈りにも同じことが言えます。

●質問5　祈りがうまくできません。それに、時々自分の祈りが、虫のいい祈りのように感じられます。また、自分の悔い改めが不十分ではないかと不安で、祈りが聞かれないのではないかと思います。

誰でも祈りはそこから始まる

よく信仰を持ってまもない方が、信仰歴の長いクリスチャンが流暢《りゅうちょう》に祈るのを聞いて、「私はあのように祈れない」と恐れたじろぐことがあります。しかしがっかりする必要はありません。その人も信仰を持った当初はそう流暢に祈れなかったはずです。誰でも初めは、流暢には祈れないものです。それに、何もよどみなく整った祈りばかりが素晴らしい祈りなのではないのです。わからないながらも、またたどたどしくても、一生懸命祈る祈りはそれ自体尊いものです。

どんな赤ちゃんでも最初からお母さんとおしゃべりのできる赤ちゃんはいません。けれどもやがて言葉をしゃべり、ママやマンマなどと親に話しかけることを覚え、何でも思ったことを自由に自分の言葉で表現して伝えることができるようになります。そして現在のあなたが、仮に自分の祈りが十分ではないと感じているとしても、神の目の前にはあなたが祈るその祈りはいとおしくかけがえのないものなのです。ですから決してあきらめてはいけません。祈るのをやめてはならないのです。

それでも祈りましょう

仮に現在のあなたの祈りが、あなたが「虫がいい」と感じているような種類の祈りであったとしても、それでも祈ることをやめてしまわないようにしましょう。というのも、あの山上の説教で、「求めなさい。そうすれば与えられます」（マタイ7・7）と群衆に向かって教えられたイエス様が、ルカの福音書では「あなたがたの中で、子どもが魚を下さいと言うときに、魚の代わりに蛇を与えるような父親が、いったいいるでしょうか」（11・11）と続けておられるからです。確かに子どもが卵を下さいと言うのにさそりを与える親などいません（12節）。だから祈り求める内容そのものが、卵だの魚だのという、どんなに目先の事柄に限られていたとしても、とにかくまず祈り求めるよう勧められているのです。真夜中に「パンを三つ貸してくれ」と言うように、非常識と思われて普通ならお願いすることがはばかられるようなことであったとしても（5〜8節）、求めるようにと勧められているのです。

どうしてでしょう。それは今現在そのような種類の求めにとどまっていたとしても、祈り求めつづける者を主はお取り扱いくださり、もっと祈りの高嶺へと引き上げてくださるという、希望の約束が添えられているからです。「してみると、あなたがたも、悪い者ではあっても、自分の子どもには良い物を与えることを知っているのです。とすれば、なおのこと、天の父が、求める人たちに、どうして聖霊を下さらないことがありましょう」（13節）

そうです。仮に現在のあなたの祈りが、卵だの魚だのと即物的と思えるような事柄に満たされていたとしても、それでも祈り求めてくるあなたには主のお取り扱いがあるのです。そしてやがてあなたの祈りも、いつしか神ご自身を慕い求め、聖霊なる主のご臨在を何よりも求めるような信仰の奥義に触れる世界にまで引き上げられていくことでしょう。

だから、たとえ現在がどうであっても大丈夫です。やめたり引き返したりしないで、そのままの姿ででも祈りつづけて前進を試みていくならば、いつかきっとあなたは、祈りの奥義を知る者に変えられていくことでしょう。肝心なことは、この祈りでは駄目だからといってやめてしまうことではなく、今はこんな祈りでもそれでも祈り、さらに祈り、妨げの壁をも打ち破るまで、祈りに邁進《まいしん》してみることなのです。

悔い改めの赦しを信じて

さて、あなたの心の中にあるもう一つの祈りの葛藤。自分は罪の悔い改めが不十分なクリスチャンで、これでは神との間に隔たりがあって、祈っても駄目ではないかという迷いが起こる点についてです。答えを言うと、そのような迷いはあなたが確かに神に導かれているクリスチャンであることの証拠です。あなたのクリスチャンとしての信仰の良心がきちんと作動していることの裏返しなのです。

世の人はそうではありませんが、クリスチャンは神が忌み嫌われる罪に対して敏感になります。それは神に出会う前には経験しなかった心の動きです。それは決して異常なのではありません。あの新約の使徒パウロの手紙を調べても、晩年になって信仰の年数も増し、数多くの指導や経験を積んだあとも、魂は次のような告白へと導かれているのです。

「『キリスト・イエスは、罪人を救うためにこの世に来られた』ということばは、まことであり、そのまま受け入れるに値するものです。私はその罪人のかしらです」（Ⅰテモテ1・15）。信仰を持ってまだ初期の頃のパウロではありません。主のための労苦と奮闘を重ね、偉大な働きをなし、個人の信仰も成熟の域に達した晩年の、しかももうまもなく処刑されて地上の生涯を全うしようとしている彼の、絶筆の書における告白です。

あのパウロですらそうなのですから、同じ主に導かれているあなたも、主が嫌われる罪に敏感になり、彼と同じ罪意識に導かれるのは当然と言えましょう。

ところで罪意識が生じるのは何も自分一人がおかしいからではない、ということがわかったとしても、ただそれにさいなまれているだけで、そこから一歩も出られないというのであれば、それは主のよしとされることではありません。主は私たちクリスチャンをどこまでも責め、自信とやる気をなくさせ、罪意識にがんじがらめに縛りつけて喜ばれる方ではないのです。私たちは罪の自覚のトンネルに導かれたとしても、キリストの十字架の赦しの福音までいつも到達し、その安堵安心の中に着地しなければなりません。福音と切り離された罪の指摘は、私たちクリスチャンが本来、生き生きとした賛美と感謝のうちに生きるはずの手足を奪い、ちょうど土の中に隠されたタラントのたとえ話のように、私たちを埋もれさせてしまうのです。

ですから祈るときにはこう祈りましょう。示された罪を「主よ、私はこの罪を犯しました。イエス様の十字架の赦しの福音の御前で告白します。悔い改めますので、どうか聖書の約束のとおりに、私をきよめてください」と。そして救い主キリストによる十字架の赦しときよめとを聖書の約束にしたがって受け止め、あとは振り返らず前進しましょう。聖書はこのように罪の赦しときよめを私たちに約束しています。「もし、私たちが自分の罪を言い表すなら、神は真実で正しい方ですから、その罪を赦し、すべての悪から私たちをきよめてくださいます」（Ⅰヨハネ1・9）

神に近づく者は、神のみこころにかなうように変えられていきます。ですから祈るときに、神に罪を示されて、悔い改めへと導かれ、全生活が神の喜ばれるものへと導かれていくのです。祈る際に、さらなる前進を期することのできるクリスチャン生活はなんとさいわいなことでしょう。

最後に、自分はいかに罪深く、不十分な者だと自覚したとしても、次のイエス様の約束を励みとして、祈りはただ「主イエスの御名のゆえに」、天に通じるのだということを忘れないようにしましょう。

「まことに、まことに、あなたがたに告げます。あなたがたが父に求めることは何でも、父は、わたしの名によってそれをあなたがたにお与えになります。……求めなさい。そうすれば受けるのです。それはあなたがたの喜びが満ち満ちたものとなるためです」(ヨハネ16・23、24)

佐藤彰（さとう・あきら）

1957年３月11日、山形市に生まれる。聖書神学舎卒業。

1982年、保守バプテスト同盟・福島第一聖書バプテスト教会牧師となる。

2011年３月11日東日本大震災に遭い、教会は一時閉鎖。教会員とともに流浪の旅に出た。

著書に『教会員こころえ帖』『マルコの福音書で学ぶ信仰生活入門』『いちばん大切なもの』『「苦しみ」から生まれるもの』『信仰から生まれるもの』『こころのビタミンＡ』『こころのビタミンＢ』『子どもの成長と救いのために』『教会形成の喜び』『新しい旅立ち』『まるかじり創世記』『あなたに祝福がありますように』『順風よし、逆境もまたよし』『流浪の教会』『続・流浪の教会』『翼の教会』『くびわをはずしたパピ』『選ばれてここに立つ』『灯を輝かし、闇を照らす』（共著）などがある。

福島第一聖書バプテスト教会ホームページ
http://f1church.com/

新版 **祈りから生まれるもの**（リパブックス）

1994年２月１日発行
2004年３月10日７刷
2011年７月10日新版発行
2011年10月10日新版再刷
リパブックス
2016年１月20日発行

著　者　佐藤　彰

印刷製本　㈱デジタルパブリッシングサービス

発　行　いのちのことば社
〒164-0001 東京都中野区中野2-1-5
電話 03-5341-6923（編集）
03-5341-6920（営業）
FAX03-5341-6921
e-mail:support@wlpm.or.jp
http://www.wlpm.or.jp/

ISBN 978-4-264-03414-8